우리말 지장경

우리출판사

우리말 지장경

사경의 목적

사경은 경전의 뜻을 보다 깊이 이해하려는 목적도 있지만, 부처님의 말씀을 옮겨 쓰는 경건한 수행을 통해 자기의 신심信心과 원력을 부처님의 말씀과 일체화시켜서 신앙의 힘을 키워나가는데 더 큰 목적이 있다.

조용히 호흡을 가다듬고 부처님의 말씀을 마음으로 되새기며, 정신을 집중하여 사경에 임하다 보면 자신도 모르는 사이에 사경 삼매에 들게 된다. 또한 심신心身이 청정해져 부처님의 마음과 통하게 되니, 부처님의 지혜의 빛과 자비광명이 우리의 마음속 깊이 스며들어 온다.

그러면 몸과 마음이 안락과 행복을 느끼면서 내 주변의 모든 존재에 대한 자비심이 일어나니, 사경의 공덕은 이렇듯 그 자리에서 이익을 가져온다.

사경하는 마음

경전에 표기된 글자는 단순한 문자가 아니라 부처님께서 깨달은 진리라는 상징성을 갖고 있다. 경전의 글자 하나하나가 중생구제를 서원하신 부처님의 마음이며, 중생을 진리의 길로 인도하는 지침인 것이다.

예로부터 사경을 하며 1자3배의 정성을 기울인 것도 경전의 한 글자 한 글자에 부처님이 함께하신다고 생각했기 때문이다. 사경이 수행인 동시에 기도의 일환으로 불자들에게 널리 행해지는 까닭이 여기에 있다.

사경은 부처님의 가르침과 함께하는 시간이며 부처님과 함께하는 시간이다. 부처님의 말씀을 가슴으로 받아들이고 마음으로 찬탄하며 진실로 기쁘게 환희로워야 하는 시간인 것이다.

따라서 사경은 가장 청정한 마음으로 임해야 한다.

사경의 공덕

❀ 마음이 안정되고 평화로워져 미소가 떠나질 않는다.
❀ 부처님을 믿는 마음이 더욱 굳건해진다.
❀ 번뇌 망상, 어리석은 마음이 사라지고 지혜가 증장한다.
❀ 생업이 더욱 번창한다.
❀ 좋은 인연을 만나고 착한 선과가 날로 더해진다.
❀ 업장이 소멸되며 소원한 바가 반드시 이루어진다.
❀ 불보살님과 천지신명이 보호해 주신다.
❀ 각종 질환이나 재난, 구설수 등 현실의 고苦를 소멸시킨다.
❀ 선망조상이 왕생극락하고 원결 맺은 다겁생의 영가들이
   이고득락離苦得樂한다.
❀ 가정이 화목하고 자손들의 앞길이 밝게 열린다.

사경하는 절차

1. 몸을 깨끗이 하고 옷차림을 단정히 한다.
2. 사경할 준비를 갖춘다.(사경상, 좌복, 필기도구 등)
3. 삼배 후, 의식문이 있으면 의식문을 염송한다.
4. 좌복 위에 단정히 앉아 마음을 고요히 한다.
   (잠시 입정하면 더욱 좋다.)
5. 붓이나 펜으로 한 자 한 자 정성스럽게 사경을 시작한다.
6. 사경이 끝나면 사경 발원문을 염송한다.
7. 삼배로 의식을 마친다.

◆ 기도를 더 하고 싶을 때에는 사경이 끝난 뒤, 경전 독송이나
   108배 참회기도, 또는 그날 사경한 내용을 참구하는 명상 시간을
   갖는 것도 좋다.
◆ 사경에 사용하는 붓이나 펜은 사경 이외의 다른 용도에 사용하지
   않도록 한다.
◆ 완성된 사경은 집안에서 가장 정갈한 곳(혹은 높은 곳)에 보관하거나,
   경건하게 소각시킨다.

발 원 문

년   월   일

우리말 지장경

정구업진언 (淨口業眞言, 구업을 밝히는 진언)

『수리수리 마하수리 수수리 사바하』(세번)

봉청청제재금강   봉청벽독금강

봉청황수구금강   봉청백정수금강

봉청적성화금강   봉청정제재금강

봉청자현신금강   봉청대신력금강

봉청금강권보살   봉청금강색보살

봉청금강애보살   봉청금강어보살

오방내외안위제신진언 (五方內外安慰諸神眞言,
오방의 모든 신을 위로하는 진언)

『나무 사만다 못다남 옴 도로도로 지미

사바하』 (세번)

개 경 게 (開經偈, 경전을 펴는 게송)

무상심심미묘법 백천만겁난조우

아금문견득수지 원해여래진실의

개법장진언 (開法藏眞言, 법장을 여는 진언)

『옴 아라남 아라다』 (세번)

지장보살본원경 상권

제1품. 도리천궁신통품 (도리천궁에서 신통을 나투다)

이와 같이 내가 들었다.

한때, 부처님께서 도리천에 계시면서 어머님을 위하여 설법하셨다.

그때, 시방의 한량없는 세계에서 말로 할래야 할 수도 없는 그 모든 부처님과 큰 보살마하살이 모두 다 법회에 모여서 찬탄하셨다.

"석가모니 부처님은 능히 오탁악세에서 불가사의한 큰 지혜와 신통력을 나투사, 억세고 거친 중생을 조복하여 고락의 법을 알게 하신다." 하고,

각기 시자를 보내시어 부처님께 문안을 드렸다.

이때, 부처님께서 웃음을 머금으시고 백천만억의 큰 광명의 구름을 놓으시니, 이른바

대원만광명운·대자비광명운·대지혜광명
운·대반야광명운·대삼매광명운·대길상
광명운·대복덕광명운·대공덕광명운·대
귀의광명운·대찬탄광명운이었다.

이러한 말할 수도 없는 광명의 구름을 놓으
시고는, 또 여러 가지 미묘한 음성을 내시
니, 이른바 보시바라밀음·지계바라밀음·
인욕바라밀음·정진바라밀음·선정바라밀
음·지혜바라밀음·자비음·희사음·해탈
음·무루음·지혜음·대지혜음·사자후
음·대사자후음·운뢰음·대운뢰음이었다.

이러한 말할 수도 없는 음성을 내시니, 사바
세계와 타방국토에 있는 무량 억 수의 천
룡·귀신들도 도리천궁으로 모여들었다. 이
를테면 사천왕천, 도리천, 수염마천, 도솔타
천, 화락천, 타화자재천, 범중천, 범보천,
대범천, 소광천, 무량광천, 광음천, 소정천,

무량정천, 변정천, 복생천, 복애천, 광과천, 엄식천, 무량엄식천, 엄식과실천, 무상천, 무변천, 무열천, 신견천, 선현천, 색구경천, 마혜수라천, 내지 비상비비상처천의 온갖 하늘 무리며 용의 무리며 귀신 무리들이 법회에 모여들었다.

그뿐만 아니라, 또 타방국토와 사바세계에 있는 해신, 강신, 하신, 수신, 산신, 지신, 천택신, 묘가신, 주신, 야신, 공신, 천신, 음식신, 초목신 따위의 신들도 모두 법회에 모여들었다.

또한 타방국토와 사바세계의 모든 큰 귀왕들인 이른바 악목귀왕, 담혈귀왕, 담정기귀왕, 담태란귀왕, 행병귀왕, 섭독귀왕 자심귀왕, 복리귀왕, 대애경귀왕 같은 이런 귀왕들도 모두 다 법회에 모여들었다.

그때에 석가모니 부처님께서 문수사리법왕

자 보살마하살에게 말씀하시길,

"네가 여기에 모인 모든 부처님과 보살들과 천룡·귀신들을 보느냐? 지금 이 세계와 타방세계 및 이 국토와 타방국토에서 지금 도리천에 모여들어 이 법회에 참석한 자의 수효를 네가 알겠느냐?"

문수사리보살이 부처님께 아뢰었다.

"세존이시여, 제 신력으로는 설사 천겁 동안을 헤아린다고 하더라도 능히 그 수효를 알지 못하겠습니다."

부처님께서 문수사리보살에게 이르시길,

"내가 불안으로 볼지라도 오히려 그 수효를 알지 못하겠나니, 이들은 모두 다 지장보살이 오랜 겁을 지내오면서 이미 제도하였거나, 지금 제도하거나, 미래에 제도할 자들이며, 이미 성취하였거나, 지금도 성취시키거나, 미래에 성취시킬 자들이니라."

문수사리보살이 부처님께 아뢰었다.

"세존이시여, 저는 과거 오랫동안 선근을 닦아서 무애지를 얻었사오매, 부처님의 말씀을 듣고 마땅히 믿고 받아 지닐 수 있사오나, 소과인 성문이나 하늘·용 등 팔부신중과 미래세의 모든 중생들은 비록 부처님의 성실한 말씀을 들을지라도 반드시 의혹을 품을 것이오며, 설사 받아들였다가도 다시 비방하는 일을 면하지 못할 것이옵니다.

세존이시여, 지장보살마하살의 말씀을 좀더 자세히 하여 주옵소서. 지장보살은 과거에 어떠한 행을 행하였고 어떠한 원을 세웠기에 능히 이처럼 불가사의한 일을 성취하셨사온지 널리 말씀하여 주옵소서."

부처님께서 문수사리보살에게 이르시길,

"비유하건대, 저 삼천대천세계에 가득한 초목, 총림과 벼·삼·갈대와 산석미진의 그

갖가지 물건을 하나하나 세어서 그 수만큼의 항하가 있다고 하고, 그 많은 항하의 모든 모래 수만큼의 세계가 있으며, 그 숱한 세계 안의 한 먼지를 한 겁으로 치고, 그 모든 겁 동안에 쌓인 먼지 수를 다시 겁으로 치더라도, 지장보살이 십지의 과위를 증득한 이래 교화한 자의 수는 위에 든 비유보다도 천 배나 많으리라. 그러니 하물며 성문이나 벽지불의 지위에 있었던 동안이랴.

문수사리여, 이 보살의 위신력과 서원은 가히 생각할 수도 없느니라.

만약 미래세의 선남자·선여인이 보살의 명호를 듣고 찬탄하거나 우러러보고 예배하거나 혹은 명호를 부르거나, 공양을 올리거나 또는 형상을 그림으로 그리거나, 조각하여 만들거나, 형상에 칠을 올리거나 하면 이 사람은 마땅히 백 번을 33천에 태어나 영영 악도에 떨어지지 않게 되느니라.

문수사리여, 이 지장보살마하살은 저 머나먼 과거, 말로는 말할 수 없는 겁 전에 큰 장자의 아들이었느니라. 그때 세상에 부처님이 계셔서 호를 사자분신구족만행여래라 하셨으니, 그때 장자의 아들이 부처님의 상호가 천복으로 장엄하심을 보고 부처님께 아뢰기를,

'세존이시여, 세존께서는 어떤 행원을 지었사옵기에 이러한 상호를 얻으셨나이까.'

이에 사자분신구족만행여래께서 장자의 아들에게 이르시되,

'이 몸을 얻고자 하거든 마땅히 오랫동안 온갖 고통을 받는 중생들을 제도해서 해탈시켜야 한다.'고 하셨느니라.

문수사리여, 그때에 장자의 아들이 큰 서원을 하기를,

'제가 미래세가 다하도록 헤아릴 수 없는 겁

동안 이 죄고를 받는 육도 중생을 위하여,

널리 방편을 베풀어서 모두 해탈시킨 연후

에야 제 자신이 비로소 불도를 이루리라.' 라

고 하였느니라.

그로부터 지금까지 백천만억 나유타의 이루

말할 수 없는 겁 동안을 아직도 보살로 있느

니라.

또 과거 불가사의 아승지겁 전에 그때 세상

에 부처님이 계시어 호를 각화정자재왕여래

라 하셨으니, 그 부처님의 수명은 사백천만

억 아승지겁이셨느니라. 그 부처님의 상법

동안에 한 바라문의 딸이 있었으니, 그는 숙

세에서 깊고도 두터운 복을 심어 여러 사람

들로부터 흠모와 존경을 받았으며, 가거나

있거나 앉거나 눕거나 간에 모든 하늘이 그

를 옹호하였느니라. 그러나 그의 어머니가

삿된 것을 믿고 항상 삼보를 업신여겼으므로 그 딸은 여러 가지의 방편을 베풀어서 그의 어머니에게 권유하여 바른 생각을 내게 하였지만, 어머니는 온전한 믿음을 갖지 못한 사이에 목숨을 마치고 그의 혼신은 무간지옥에 떨어졌느니라.

그때 바라문의 딸은 그 어머니가 세상에 살아 계실 때에 인과를 믿지 않았음을 알기 때문에 당연히 그 업을 따라서 반드시 악도에 떨어졌을 것으로 알고, 집을 팔아서 널리 좋은 향과 꽃 등 그밖에 모든 공양을 올릴 물건을 구하여 가지고 그 전 부처님의 탑과 절에 크게 공양을 올렸느니라.

그때 바라문의 딸은 각화정자재왕여래의 형상이 한 절 안에 모셔져 그 그림의 위용이 장엄하고 두루 원만 구족함을 보고, 바라문의 딸은 더욱 우러러 예배 공경하는 마음을

내어 혼자 생각하기를,

'부처님의 명호는 대각이시라 온갖 지혜를 갖추셨으니, 만약 이 세상에 계실 때라면 나의 어머니가 돌아가신 뒤에 부처님께 와서 물으면 반드시 나의 어머니 가신 곳을 알려 주실 것이 아닙니까?' 하고 울면서 오래도록 부처님을 우러러보고 기도하였더니, 그 때에 홀연히 공중에서 말소리가 들려 오되,

'우는 자여. 성녀야, 너무 슬퍼하지 말라. 내 이제 네 어머니의 간 곳을 알려주리라.'

이에 바라문의 딸이 합장하고 공중을 향하여 아뢰었다.

'이 어떠한 싱그러우신 덕이시옵기에 저의 근심을 너그러이 풀어 주시옵니까? 제가 어머니를 잃은 이래로 밤낮으로 생각하고 생각하였사오나, 저의 어머니가 가신 곳을 물을 곳이 없나이다.'

그때에 공중에서 다시 소리가 나서 바라문의 딸에게 이르기를,

'나는 네가 정성을 다하여 우러러 절을 하는 과거의 각화정자재왕여래이다. 네가 어머니를 생각하고 사랑하는 마음이 보통의 중생들보다 배나 더하기 때문에 와서 일러주노라.'

이 소리를 듣고 바라문의 딸은 감격하여 몸부림쳐서 팔다리가 성한 데 없이 다쳐 쓰러지자 좌우에 있는 이들이 부축하고 돌보아 한참 뒤에 다시 정신을 차리고 공중을 향하여 여쭈어 말하되,

'부처님이시여, 바라옵건대 인자하신 마음으로 불쌍히 여기시어 저의 어머니가 태어난 곳을 속히 일러주시옵소서. 저는 이제 몸과 마음을 가눌 길이 없어서 곧 죽을 것만 같나이다.'

그때 각화정자재왕여래께서 성녀에게 이르

시길,

'네가 공양 올리기를 마치거든 곧바로 집으로 돌아가서 단정히 앉은 후 나의 명호를 생각하라. 그리하면 곧 네 어머니의 태어난 곳을 알게 되리라.'

이에 바라문의 딸은 곧 부처님께 예배드리고 집으로 돌아와서 어머니에 대한 생각으로 단정히 앉아서 각화정자재왕여래를 생각하였다. 그대로 하루 낮과 하룻밤이 지나자 홀연히 자기 자신이 한 바닷가에 와 있음을 알았는데, 그 물은 펄펄 끓어오르며 여러 사나운 짐승들이 많고 모두가 몸이 쇠로 되었으며, 바다 위를 동서로 날아서 이리저리 날아다니는 것이었으며, 그 속에 남자 여자 할 것 없이 수많은 사람들이 바닷속에 빠졌다 솟아났다 하는 것을 사나운 짐승들이 다투어 잡아서 뜯어먹는 것이었다. 또 보니, 야차들이 있는데 그 형상은 가지가지여서 이를테면 손이 여럿이고 눈이 여럿이고 다리도 머리도 여럿이며, 어금니가 입 밖으로 나와 날카로운 칼로 된 갈고리같은 것들이 모든 죄인들을 몰아다가 사나운 짐승들 가까이로 몰아주며, 또 스스로 때리고 움켜잡아 다리와 머리를 한데로 서로 얽어 묶어 놓은 형상이 천만 가지인지라 차마 오랫동안 볼 수가 없었다. 그때에 바라문의 딸은 염불하는 힘으로 자연히 두려움 없이 있었느니라.

거기에 한 귀왕이 있었는데 이름이 무독으로 머리를 조아리고 성녀를 경건히 맞이하면서 이렇게 말하였다.

'장하십니다. 보살은 어떠한 인연으로 이곳에 오셨습니까?'

바라문의 딸이 귀왕에게 묻기를,

'이곳은 어떤 곳입니까?'

우리말 지장경

23

무독이 대답하되,

'여기는 대철위산 서쪽에 있는 첫째 겹의 바다입니다.'

'내가 들으니 철위산 안에는 지옥이 있다는데 그것이 사실입니까?'

무독이 대답하되,

'참으로 지옥이 있나이다.'

성녀가 묻되,

'나는 어떻게 하면 그곳에 이를 수 있겠습니까?'

무독이 대답하되,

'그곳은 부처님의 위신력이거나 업력이 아니고서는 도저히 이르지 못합니다.'

성녀가 또 묻되,

'이 물은 어떤 연유로 저렇게 끓어오르며, 저 많고 많은 사람들은 어떠한 죄인이며, 저 많은 사나운 짐승들은 어떻게 된 것입니까?'

무독이 대답하되,

'이곳은 염부제에서 악한 짓을 한 중생이 49일이 지나도록 그를 위하여 공덕을 지어 고난에서 건져주는 일이 없거나, 살아 있을 때에도 착한 인연을 지은 바가 없으면 부득이 본업의 지은 대로 지옥에 떨어지게 되어 그때에 자연히 이 바다를 먼저 건너게 되는데, 이 바다 동쪽으로 십만 유순을 지나 또 한 바다가 있는데 거기의 고통은 여기의 배가 되며, 그 바다 동쪽에 또 한 바다가 있는데 거기의 고통은 다시 거기의 배가 되나이다. 이들은 삼업으로 지은 바 스스로 받은 바이니, 다 업의 바다라 하며 그곳이 바로 여기입니다.'

성녀가 또 무독귀왕에게 묻되,

'지옥이 어디에 있나이까?'

무독이 대답하되,

'저 세 바닷속이 대지옥이며, 그 지옥의 수가 백천이로되, 각각 차별이 있으나 큰 것이 열여덟이고, 다음 것이 오백이 있으며, 또 그 다음 것이 천백이 있는 바, 그 지독한 고초는 이루 한량이 없습니다.'

성녀가 무독귀왕에게 또 물되,

'나의 어머니는 돌아가신 지가 얼마되지 않으니, 혼신이 어느 곳에 가 있는지 알 수 없나이까?'

귀왕이 물되,

'보살님의 어머니는 생전에 어떠한 일을 하였나이까?'

성녀가 대답하되,

'나의 어머니는 소견이 삿되어서 삼보를 비방하여 헐뜯었고, 설혹 잠깐 믿다가도 또 금방 공경하지 않았는데, 돌아가신 지가 얼마되지 않으니 다시 태어난 곳을 알 수 있겠나

이까?'

무독이 묻되,

'보살의 어머니는 성씨가 무엇이나이까?'

성녀가 대답하되,

'나의 부모는 모두 바라문의 종족으로 아버지의 이름은 시라선견이요, 어머니의 이름은 열제리입니다.'

무독이 합장하여 머리를 조아리고 보살에게 말하되,

'원컨대 성자께서는 집으로 돌아가시어 너무 슬퍼하거나 근심하지 마옵소서. 죄인이었던 열제리는 천상에 태어난 지 지금 3일이 되었습니다. 효순한 자식이 있어 어머니를 위하여 공양을 베풀어 복을 닦아 각화정자재왕여래의 탑사에 보시를 한 연고로 보살의 어머니만 지옥에서 벗어난 것이 아니라, 이날 이 무간지옥에 있던 죄인은 모두가 함께 천상에 태어나 낙을 누리게 되었습니다.' 하고 귀왕이 말을 마치고 합장하며 물러갔느니라.

바라문의 딸은 꿈과 같이 집으로 돌아와서 이 일을 깨닫고는 곧 각화정자재왕여래의 탑과 존상 앞에서 큰 서원을 세우기를, '바라옵건대 저는 미래 겁이 다하도록 죄고가 있는 중생이 있으면 마땅히 널리 방편을 베풀어서 해탈하도록 하겠나이다.' 하였느니라."

부처님께서 문수사리보살에게 이르시길, "그때 귀왕인 무독은 지금의 재수보살이고, 그때의 바라문의 딸은 지금의 지장보살이니라."하셨다.

제2품. 분신집회품 (분신들이 모이다)

그때에 백천만억의 이루 생각할 수 없고, 논

할 수도 없으며, 헤아릴 수도 없고, 말로는 이루 다할 수 없는 한량없는 아승지 세계에 있는 모든 지옥에 몸을 나투셨던 지장보살의 분신이 모두 도리천궁으로 모였으며, 또한 여래의 신통력으로 각 방면에서 해탈을 얻고 업도에서 나온 천만억 나유타 수의 무리들이 함께 향과 꽃을 가지고 와서 부처님께 공양을 올렸다. 이들은 모두가 지장보살의 교화로 인하여 영원토록 아뇩다라삼먁삼보리에서 물러서지 아니하는 이들이며, 이들은 머나먼 겁으로부터 내려오면서 생사 물결에 빠져 육도를 쉴 새 없이 쫓아다니며 갖은 고초를 잠시도 쉴 틈이 없이 받다가, 지장보살의 광대한 자비와 깊은 서원의 힘 때문에 각기 도과를 획득하고 이미 도리천궁에 이르매, 마음이 아주 기뻐서 여래를 우러러보며 잠시도 한눈을 팔지 않았다.

그때 세존께서 금빛 팔을 펴시어 백천만억의 가히 생각할 수 없고, 논할 수 없고, 헤아릴 수 없고, 말로는 이루 말할 수도 없는 무량 아승지 세계의 모든 화신 지장보살마하살의 이마를 어루만지시면서 이르시기를, "내가 오탁악세에서 이와 같이 억세고 거친 중생들을 교화하여 그들의 마음을 조복시켜 삿된 것을 버리고 바른 길로 돌아오게 하였으나, 그 중 열 가운데 하나 둘은 아직도 나쁜 버릇에 빠져 있으므로 내가 또한 백천만억으로 분신을 나타내어 널리 방편을 베푸나니, 근기가 수승한 자는 법을 들으면 곧 믿고 받으며, 혹 좋은 과보가 있는 자는 부지런히 권하면 성취되며, 혹 어둡고 둔한 이는 오래도록 교화를 거치면 비로소 돌아오는 자도 있으며, 혹은 업이 중하여 우러러 공경하는 마음을 내지 않는 자도 있나니라.

이렇듯 중생의 무리는 각기 차별이 있음에, 분신을 나타내 제도하여 해탈시키되 혹은 남자의 몸을 나투고, 혹은 여자의 몸을 나투며, 혹은 하늘과 용의 몸을 나투고, 혹은 귀신의 몸을 나투며, 혹은 산·숲·내·강·못·샘·우물을 나타내어서 사람에게 이롭게 하면서 모두 제도·해탈하게 하며, 혹은 제석의 몸을, 혹은 범왕의 몸을, 혹은 전륜왕의 몸을, 혹은 거사의 몸을, 혹은 국왕의 몸을, 혹은 재상의 몸을, 혹은 관속의 몸을, 혹은 비구·비구니·우바새·우바이의 몸내지는 성문·나한·벽지불·보살의 몸을 나타내시어 교화하고 제도하나니, 비단 부처님의 몸으로만 나타내는 것이 아니니라. 내가 여러 겁을 두고 근고하여 이와 같은 교화하기 어려운 억세고 거친 죄고 중생들을 제도하는 것을 보고, 그 가운데 아직 조복받

지 못한 자가 있어서 업을 따라 과보를 받게
되어 만약 악도에 떨어져서 큰 괴로움을 받
는 것을 보거든, 그대는 마땅히 내가 이 도
리천궁에서 은근히 부촉한 것을 생각하고
사바세계에 미륵불이 출세하실 때까지 중생
으로 하여금 영영 모든 고통을 여의어 해탈
케 하여 부처님의 수기를 받게 하라."
그때 모든 세계에 나타나셨던 지장보살의
분신이 다시 한몸으로 되어 형상을 이루어
애절한 마음으로 눈물을 흘리면서 부처님께
말씀드리기를,
"제가 구원한 겁 이래로 부처님의 인도를 받
아 가히 생각할 수 없는 신력을 얻고 갖추었
사오나, 저는 저의 분신으로 하여금 백천만
억 항하의 모래와 같은 세계에 두루하여서
한 세계마다 백천만억의 몸을 나투옵고, 한
화신이 백천만억 사람을 제도하여서 삼보께

사
경
본
32

귀의하게 하며 영원히 생사를 여의고 열반
락에 이르도록 하되, 다만 불법 가운데에서
착한 일만 한다면 그것이 한 터럭·한 물방
울·한 모래알·한 먼지 혹은 털끝만한 것
이라도 하게 되면, 제가 점차 교화하여 제도
하고 큰 이익을 얻게 하오리다. 바라옵건대
세존이시여, 후세의 악업 중생 때문에 염려
하지 마옵소서."

이와 같이 세 번 부처님께 말씀드리니 그때
에 부처님께서 지장보살을 찬탄하셨다.

"착하고 착하다. 내가 그대를 도와서 기쁘게
하리라. 그대는 능히 구원 겁으로부터 내려오
면서 세운 큰 서원을 성취하고 장차 널리 중
생을 제도한 연후에 곧 보리를 증득하리라."

제3품. 관중생업연품 (중생의 업연을 살피다)

그때 부처님의 어머니 마야 부인이 공경히

합장하고 지장보살께 여쭈웁되,

"성자시여, 염부제 중생이 업을 짓는 차별과 그에 따라 받는 과보는 어떠하나이까?"

지장보살이 대답하되,

"천만세계, 모든 국토에 혹 지옥이 있기도 하고 없기도 하며, 혹 여인이 있기도 하고 없기도 하며, 혹 불법이 있기도 하고 없기도 하며, 성문과 벽지불도 또한 그와 같으며, 지옥의 죄보도 한 가지뿐만은 아니오이다."

마야 부인이 지장보살에게 거듭 여쭈웁되,

"바라옵건대 염부제에서 지은 갖가지 죄업으로 인하여 악한 곳에 떨어져서 과보를 받은 것에 대하여 듣고자 하오이다."

지장보살이 대답하되,

"성모시여, 바라건대 잘 들으소서. 제가 대강 말씀하오리다."

성모가 여쭈웁되,

"바라옵건대 성자시여, 말씀하여 주옵소서."

이때에 지장보살이 성모에게 대답하되,

"남염부제에서 받게 되는 죄보의 이름은 대개 이러하나이다. 만약 어느 중생이 부모에게 불효하고 혹 살생까지 하기에 이르면 당연히 무간지옥에 떨어지게 되어 천만억겁에도 벗어날 기약이 없으며, 만약 어느 중생이 부처님의 몸에서 피를 내거나 삼보를 비방하고 경전을 공경하지 아니한다면, 이 또한 마땅히 무간지옥에 떨어져서 천만억겁으로도 벗어날 기약이 없게 되나이다. 만약 어떤 중생이 상주대중의 물건을 침범하거나, 손해를 끼치거나, 비구·비구니를 더럽히거나, 혹은 절 안에서 음욕을 자행하거나, 혹은 죽이거나 해치거나 한다면 이러한 무리도 당연히 무간지옥에 떨어져서 천만억겁으로도 벗어날 기약이 없나이다. 거짓 사문이 되어 마음은 사문이 아니면서 상주물을 파괴하고 함부로 쓰며, 신도를 속이며, 계율을 어겨서 갖가지 나쁜 죄를 지으면, 이러한 무리들도 마땅히 무간지옥에 떨어져서 천만억 겁으로도 벗어날 기약이 없나이다. 만약 어떤 중생이 상주물을 훔치든지, 재물이나 곡식이나 음식이나 의복을 단 한 가지라도 주지 않은 것을 취하는 자도 당연히 무간지옥에 떨어져서 천만억겁에도 구출될 기약이 없나이다.

성모여, 만약 어떤 중생이라도 이와 같은 죄를 지으면 당연히 무간지옥에 떨어져서 잠깐만이라도 고통이 멈추어지기를 구하여도 가히 얻지 못하게 되나이다."

마야 부인이 거듭 지장보살에게 여쭈옵되,

"어떠한 곳을 무간지옥이라 이름 하나이

까?"

지장보살이 대답하되,

"성모이시여, 모든 지옥은 대철위산 안에 있는데, 그 중에 대지옥이 열여덟 곳이 있으며, 그 다음의 지옥이 또 오백이 있어 이름이 각각 다르며, 또 그 다음의 지옥이 천백인데 역시 이름이 각각 다르나이다.

무간지옥은 지옥의 성 둘레가 팔만여 리가되고 그 성은 순전히 쇠로 만들어졌으며, 성의 높이는 일만 리이고 성 위에는 불무더기가 있어서 빈틈없이 타오르고 있으며, 그 지옥 성중에는 모든 지옥이 서로 이어져 있는데 그 이름이 각각 다르며, 거기서도 특별한 지옥이 있어서 이름을 무간지옥이라 하는데 그 옥의 둘레는 일만팔천 리요, 옥 담장의 높이는 일천 리이며, 위의 불은 밑으로 타 내려오고, 밑의 불은 위로 치솟으며, 쇠로 된 뱀과 쇠로 된 개가 불을 뿜으면서 옥 담장 위를 동서로 쫓아다니며, 옥 안에는 넓이가 만 리나 되는 평상이 있는데 둘레는 만 리에 가득하며, 그 속에서 한 사람이 죄를 받는데도 스스로 그 몸이 평상 위에 가득하게 하는 것을 보며, 천만 사람이 죄를 받을 때도 또한 각기 자기 몸이 평상에서 가득차는 것을 보며, 여러 죄업으로 인하여 받게 되는 과보가 이와 같으며, 또 모든 죄인이 온갖 고통을 골고루 갖추어 받나니, 백천의 야차와 악귀들의 어금니는 칼날과 같고 눈빛은 번개와 같으며, 손은 구리쇠 손톱으로 죄인의 창자를 빼서 토막쳐 자르며, 또 어떤 야차는 큰 쇠창을 가지고 죄인의 몸을 찌르며, 혹은 입과 코를 자르고, 혹은 배와 등을 찔러서 공중에 던졌다가 도로 받아서 평상 위에 놓기도 하며, 또 쇠 독수리가 있어서 죄인의 눈을 파먹으며,

또 쇠 뱀이 있어 죄인의 목을 감아 조이며,

온몸 마디마디에 긴 못을 내리박고, 혀를 뽑

아서 보습으로 갈며, 죄인을 끌어다가 구리

쇳물을 입에 붓고 뜨거운 철사로 몸을 감아

서 만 번 죽였다 만 번 살렸다 하나니, 죄업

으로 받는 것이 이와 같아서 억겁을 지내어

도 구출될 기약이 없습니다.

그러다가 이 세계가 무너질 때는 다른 세계

로 옮겨가게 되고, 다른 세계가 무너지면 또

다른 세계로 옮겨가고 옮겨가고 하다가 이

세계가 다시 이루어진 뒤에는 또 돌고 돌아

오게 되나이다. 무간지옥의 죄보는 이러하

옵니다.

또한 다섯 가지 업으로 느끼는 것이 있는데

오무간이라 이름하며 그 다섯 가지란, 첫째

는 밤낮으로 고초를 받는데 여러 겁을 거듭

한다 해도 잠시도 끊일 사이가 없으므로 무

간이라 하며, 둘째는 한 사람만으로도 가득

히 차고 많은 사람이 있어도 가득하므로 무

간이라 하며, 셋째는 형벌을 다루는 기구에

쇠방망이와 독수리·뱀·이리·개·맷돌·

톱·도끼·가마에 끓는 물·철망·철사·쇠

나귀·쇠 말이나 생가죽 등으로 목을 조르

고, 뜨거운 쇳물을 몸에 부으며, 주리면 쇠

구슬을 삼키고, 목마르면 쇳물 마시기를 해

가 다하고 겁이 다하여, 한량없는 나유타 수

에 이르더라도 고초가 한시라도 끊일 사이

가 없으므로 무간이라 하며, 넷째는 남자나

여자나 오랑캐나 늙은이나 어린이나 귀한

사람이나 천한 사람·천인·왕·신·하늘·

귀신까지라도 죄를 지은 업의 과보는 모두

똑같이 받으므로 무간이라 하며, 다섯째는

만약 이 지옥에 떨어지면 처음 들어갔을 때

부터 백천 겁에 이르도록 하루 낮, 하룻밤

사이에 만 번 죽고, 만 번 살아나 그 사이에 한 생각 동안을 쉬고자 하여도 쉴 수도 없고, 오직 업이 다하여야 바야흐로 다른 곳에 나게 되는 것을 제외하고는 이렇게 끊이지 않고 이어지므로 무간이라 하오이다.

성모여, 무간지옥에 대한 것을 대강 말하자면 이와 같으오나, 만약 자세히 지옥의 형벌하는 기구 등의 이름과 그 모든 고통을 상세히 말하자면 한 겁 동안에도 다 말할 수 없나이다."

마야 부인이 이 말을 듣고 나서 근심 깊은 얼굴로 합장 정례하고는 물러갔다.

제4품. 염부중생업감품 (염부중생이 업보 받다)

이때에 지장보살마하살이 부처님께 여쭈었다.

"세존이시여, 제가 부처님의 위신력을 입은 연고로 두루 백천만억 세계에 이 몸을 나투

우리말 지장경

41

어서 일체 고통받는 업보 중생을 구원하나이다.

만약 여래의 크나큰 자비의 힘이 아니라면 능히 이러한 변화를 하지 못하나이다. 제가 이제 또한 부처님의 부촉을 입었사와, 아일다(미륵부처님)께서 성불하여 오실 때까지 육도 중생으로 하여금 해탈하게 하오리니 세존께서는 염려하지 마시옵소서."

그때에 부처님께옵서 지장보살에게 이르시길, "일체 중생이 해탈을 얻지 못하는 것은 성식이 정한 바가 없어 악한 습관으로 업을 짓고 착한 습관으로 과를 지어서, 혹은 착하기도 하고 악하기도 하여 경계에 따라 태어나게 되는 바, 육도를 윤회하되 잠시도 쉴 사이가 없으며, 그 사이가 티끌 수와 같은 겁이 지나도록 미혹하여 장애와 액난을 받는 것이 마치 고기가 그물 안에서 놀면서 긴 물에 흘러

갔다가 벗어났다가 들어가고 하며 잠시 나온

줄 알아도 다시 그물을 만나는 바와 같은 바,

이러한 무리들을 내가 마땅히 근심하고 염려

하였더니, 네가 이미 예부터 세웠던 원력과

또한 여러 겁을 두고 크게 맹세한 바를 마치

려 하여, 이들 죄업 중생의 무리들을 제도하

리라 하니, 내가 다시 무엇을 염려하리오."

부처님께서 이 말씀을 설하실 때에 회중에

한 보살마하살이 있으되, 이름이 정자재왕

이라 하셨는데 부처님께 사뢰어 여쭈옵되,

"세존이시여, 지장보살이 여러 겁을 내려오

면서 각각 어떠한 원을 세웠기에 이렇게 세

존의 은근하신 찬탄을 입게 되었나이까?

세존께옵서 간략히 말씀하여 주시옵소서."

그때에 세존께옵서 정자재왕보살에게 이르

시되,

"자세히 듣고 자세히 들어서 잘 생각하고 생

각하여라. 나는 마땅히 너를 위하여 분별하여 설명하리라.

지나간 옛 과거 한량없는 아승지 나유타 불가설 겁에 그 당시 부처님이 계셨으니, 호는 일체지성취여래·응공·정변지·명행족·선서·세간해·무상사·조어장부·천인사·불세존이셨고, 그 부처님의 수명은 육만겁이었더니라. 이 부처님께서 출가하시기 전에는 작은 나라의 왕으로서 한 이웃나라의 왕과 벗이 되어서 함께 십선을 행하며 중생들을 이롭게 하였느니라. 그런데 이웃나라의 백성들이 여러 가지 악을 많이 지었기 때문에 두 왕은 의논하여 여러 가지의 방편을 베풀었는데 한 왕은 이때 서원을 세우기를 '어서 불도를 이루어서 널리 이 중생들을 제도하여 남음이 없도록 하리라' 하였고, 한 왕은 서원을 세우기를 '만약 먼저 이 죄 많은 중생

들을 제도하여 안락하게 하고 보리를 얻게

하지 못한다면 내가 언제까지나 부처가 되기

를 바라지 않으리라' 하였느니라."

부처님께옵서 정자재왕보살에게 계속하여 말

씀하시되,

"속히 성불하기를 발원한 왕은 곧 일체지성

취여래이시며, 죄 많은 중생을 길이 제도하

지 아니하면 성불하기를 원치 않는다고 발

원한 왕은 곧 지장보살이니라.

다시 과거 무량 아승지겁에 한 부처님이 계

셨으니, 이름이 청정연화목여래이시니, 그

부처님의 수명은 사십 겁이셨는데 그 부처

님의 상법 시대에 한 나한이 계시어 중생을

복으로써 제도하였느니라. 교화를 하시던

중에 한 여인을 만나게 되었는데 그 이름이

광목이니라. 그가 음식을 베풀어 공양을 올

릴 때, 나한이 원하는 바가 무엇이냐고 물으

니 광목이 대답하기를,

'제가 어머니께서 돌아가신 날에 복을 지어 어머니를 천도하고자 하오나, 저의 어머니가 어느 곳에 가서 나신 줄을 알지 못합니다.' 하였다.

나한은 이를 가엾이 여기시고, 정에 들어 관찰하여 보니 광목의 어머니가 나쁜 갈래에 떨어져 큰 고통을 받는 것이 보였다. 이에 나한은 광목에게 말하기를,

'그대의 어머니가 살아 계실 때 어떠한 업을 지었기에 지금 나쁜 갈래에서 아주 큰 고통을 받고 있나이까?'

광목이 대답하기를,

'우리 어머니는 평소에 물고기와 자라 등을 먹기 좋아하시어 특히 자라 새끼를 많이 먹었는데, 볶고 지지고 하여 마음대로 먹었나이다. 아마 그 수가 천이나 만보다도 배나

더 될 것이옵니다. 존자께서는 가엾이 여기
시어 어떻게 하든지 어머니를 구하여 주시
옵소서.'

나한이 이를 불쌍히 여기시고 방편을 지어
서 광목에게 권하기를,

'그대는 지극한 정성으로 청정연화목여래를
생각하고 따라서 그 형상을 조성하거나 그려
서 모시도록 하시오. 그렇게 하면 산 사람도
죽은 사람도 모두 좋은 과보를 얻을 것이오.'

광목은 이 말을 듣고 곧 아끼던 물건들을 팔
아서 급히 부처님 형상을 그려 모시고, 이를
공양하고 공경하는 마음으로 슬피 울면서
우러러보고 예배드렸더니, 문득 새벽녘 꿈
에 부처님의 모습을 뵈오니, 금빛이 찬란히
빛나는 것이 마치 수미산과 같았다. 큰 광명
을 놓으시면서 광목에게 말씀하시기를,

'네 어머니는 오래지 않아서 네 집에 태어나

게 되리라. 그리고 배고프고 추운 것을 느낄
만하면 곧 말을 하게 되리라.' 하시었다.

그 뒤 집안에 한 종이 자식을 낳으니, 3일이
되기 전에 이내 말을 하며 머리를 숙여 슬피
울면서 광목에게 이르되,

'생사의 업연으로 과보를 스스로 받게 되나
니, 나는 바로 너의 어머니라. 오래도록 컴
컴하고 어두운 곳에 있었으며, 너와 헤어진
후로 여러 번 대지옥에 떨어졌으나, 이제 너
의 복력을 입어 마땅히 수생하였지만 이렇게
하천한 사람이 되었으며, 또다시 단명하여
나이 13세가 되면 다시 악도에 떨어지게 될
것이니, 네가 어떤 방법으로 하여 나로 하여
금 이로부터 벗어나게 하리오?' 하거늘,

광목이 이 말을 듣고 어머니인 줄 알고 의
심 없이 목메어 슬피 울며, 종의 아이에게
이르되,

'이미 우리 어머니가 틀림없다면 본죄를 아셔야 하나이다. 어떠한 업을 지었기에 악도에 떨어졌나이까?'

종의 자식이 된 어머니가 말하시기를,

'산 목숨을 잡아 죽이고 불법을 헐뜯고 욕하고 한 가지가지 죄업으로 보를 받은 바, 만약 복된 힘으로 나를 고난에서 구출하지 않았으면, 이 업 때문에 도저히 벗어날 수 없었을 것이니라.'

광목이 물어 말하되,

'지옥에서 받은 죄보는 어떤 것이오니까?'

대답하기를,

'그건 이루 다 입으로 말할 수도 없다. 백천 세 중에 다 말하여도 말할 수가 없다.'

광목이 듣기를 마치고는 눈물을 흘리고 슬피 울며 허공계를 향하여 사뢰어 말하되,

'원하옵건대 나의 어머니가 영원히 지옥의

갈래를 벗어나 13세를 마치고는 다시 무거운 죄와 악도에 걸림이 없도록 하옵소서.

시방의 모든 부처님이시여, 저를 보시어 제가 어머니를 위하여 세운 이 광대한 서원을 들어주시옵소서. 만약 나의 어머니가 삼악도와 이 하천함 내지 여인의 몸까지 영원히 여의어서 영겁토록 그러한 업보를 다시 받지 않게 되옵는다면, 원컨대 내 스스로 청정연화목여래 앞에서 맹세하옵니다.

이 뒤로 백천만억겁 동안 모든 세계의 모든 지옥과 삼악도의 모든 죄고 중생들을 제도하여서 그들로 하여금 지옥·아귀·축생의 몸을 여의게 하고, 이와 같은 죄보의 무리들이 다 성불한 연후에야 비로소 저는 정각을 이루겠나이다.'

이렇게 서원을 마치자 청정연화목여래의 말씀이 들려왔다.

'광목아! 네가 큰 사랑과 연민으로 능히 착하게 어머님을 위하여 이와 같은 큰 원을 세웠기에 내가 관한 즉, 너의 어머니가 13세를 마치면 이 업보의 몸을 버리고 바라문으로 태어나서 백 세의 수를 누릴 것이다. 그리고 그 보가 지난 뒤에는 무우국토에 태어나서 헤아릴 수 없는 겁을 지내다가 불과를 이루고 널리 항하의 모래수와 같은 인간과 하늘을 제도하리라.' 하였느니라."

부처님께옵서 정자재왕보살에게 이르시되, "그때에 나한의 몸으로 광목을 제도한 자는 곧 무진의보살이요, 광목의 어머니는 곧 해탈보살이며, 광목은 곧 지장보살이니라. 과거 구원겁 중에 이같이 자민스러웠으니, 항하의 모래와 같은 원을 발하고 널리 중생을 제도하여 왔느니라.

미래의 세상 중에 만약 남자나 여인이 있어

선을 행하지 않는 자와 악을 행하는 자, 인과를 믿지 않는 자, 사음하고 망어를 하는 자, 양설과 악구를 하는 자, 대승을 훼방하는 자, 이러한 모든 죄업의 중생들은 반드시 악도에 떨어질 것임에 틀림이 없지만, 만약 선지식을 만나서 그의 권유로 손가락을 한 번 튕길 동안만이라도 지장보살에게 귀의한다면, 이 모든 중생이 삼악도의 죄보에서 해탈함을 얻으리니, 만약 능히 지극한 마음으로 귀의하고 공경하며 예배하고 찬탄하며 향과 꽃과 의복과 가지가지 진보와 혹은 음식으로 받들어 올리는 자는, 미래의 백천만억겁 중에 항상 모든 하늘에서 뛰어난 낙을 받을 것이며, 만약 하늘에서 복이 다하여 다시 인간으로 내려오더라도 오히려 백천겁을 항상 제왕이 되어서 능히 숙명과 인과의 전후를 다 기억하게 되리라.

정자재왕보살이여, 이와 같이 지장보살에게
는 불가사의한 대위신력이 있어 널리 중생
을 이롭게 하나니, 그대들 모든 보살은 마땅
히 이 경을 기록하여서 널리 유포하도록 하
여라."

정자재왕보살이 부처님께 사뢰어 말씀하시되,
"세존이시여, 원하옵건대 염려하지 마옵소
서. 우리들 천만억 보살마하살이 반드시 부
처님의 위신을 이으사, 널리 이 경을 펴서
저 염부제 중생들을 이롭게 하겠나이다."

정자재왕보살이 이렇게 세존께 사뢰기를 마
치시고 합장 공경하여 절하고 물러났느니라.

그때 사방의 천왕이 함께 자리에서 일어나
서 합장 공경하면서 부처님께 사뢰었다.

"세존이시여, 지장보살이 저 구원겁에 이미
그러한 큰 원을 세웠거늘, 어찌하여 지금까
지도 오히려 제도하는 것이 끝나지 않았으

우리말 지장경

53

며, 다시 광대한 서원을 세워야 하나이까?

원하옵건대 세존께옵서는 우리들을 위하여

말씀하여 주옵소서."

부처님께옵서 사천왕께 이르시되,

"착하고 착한지라, 내가 이제 너희들과 현

재·미래의 하늘과 인간의 중생들에게 널리

이익되게 하기 위하여 지장보살이 저 사바

세계 염부제에서 생사의 길에서 자비로 일

체의 죄 많은 중생들을 구원하여 해탈케 하

는 방편을 설하리라."

"세존이시여, 원컨대 즐거이 듣고자 하나이

다."

부처님께옵서 사천왕에게 이르시길,

"지장보살이 오랜 겁으로부터 오면서 지금

까지 이르도록 아직도 원을 마치지 못하고

이 세계의 죄 많은 중생을 자비로이 가여워

하며, 미래의 한량없는 많은 겁 중에 업의

인이 이어져서 끊이지 않음을 봄으로써, 또 거듭 원을 세우게 되느니라.

이와 같이 보살은 사바세계의 염부제 안에서 백천만억 방편으로 제도하나니 사천왕이여, 지장보살이 만약 산목숨을 죽이는 자를 만나면 그 묵은 재앙으로 단명하게 되는 업보를 말해주고,

만약 도둑질하는 자를 만나면 빈궁하고 고초받는 업보를 말해주고,

만약 사음하는 자를 만나면 공작과 비둘기와 원앙새의 업보를 말해주고,

만약 악담하는 자를 만나면 친족 간에 서로 이간질하며 다투는 업보를 말해주고,

만약 훼방하는 자를 만나면 혀가 없고 입에 창이 생기는 업보를 말해 주고,

만약 성내고 분해하는 자를 만나면 얼굴이 더럽고 추악하게 풍창이 생기는 업보를 말

해주고,

만약 탐내고 인색한 자를 만나면, 구하는 바
소원이 뜻대로 되지 않는 업보를 말해주고,

만약 음식을 절도 없이 먹는 자를 만나면,
배고프고 목마르고 목병이 생기는 업보를
말해주고,

만약 사냥을 함부로 하는 자를 만나면, 놀라
미치고 목숨을 잃어버리는 업보를 말해주고,

만약 부모에게 패역하는 자를 만나면, 천재
지변으로 졸지에 죽는 업보를 말해주고,

만약 산의 수풀과 나무에 불 지르는 자를 만
나면, 미쳐서 헤매다가 정신없이 죽는 업보
를 말해주고,

만약 전후 부모에게 악독하게 하는 자를 만
나면, 다시 바꾸어 태어나서는 매를 맞는 갚
음을 당하는 업보를 말해주고,

만약 그물로 살아 있는 동물의 새끼를 잡는

자를 만나면, 골육간에 분산 이별하는 업보를 말해주고,

만약 삼보를 헐뜯고 비방하는 자를 만나면, 눈 멀고 귀 멀고 벙어리 되는 업보를 말해주고,

만약에 법을 경시하고 교를 업신여기는 자를 만나면, 영원토록 악도를 못 면하는 업보를 말해주고,

만약 절 및 상주대중의 물건을 파하거나 함부로 쓰는 자를 만나면, 억겁을 지옥에서 맴도는 업보를 말해주고,

만약 범행을 더럽히고 승려를 속이는 자를 만나면, 영원토록 축생을 못 면하는 업보를 말해주고,

만약 끓는 물이나 타는 불·도끼나 낫 같은 흉기로 상해하는 자를 만나면, 윤회하면서 서로 갚는 업보를 말해주고,

만약 계율을 파하고 재를 범하는 자를 만나면, 새와 짐승의 몸을 받아 주리고 배고픈 업보를 말해주고,

만약 재물을 옳지 않게 쓰는 자를 만나면, 구하는 바가 막히고 끊어지게 되는 업보를 말해주고,

만약 자만심이 높은 자를 만나면, 하천하고 미천한 종이 되는 업보를 말해주고,

만약 한 입으로 두말하고 서로 다투게 하는 자를 만나면, 혀가 없거나 혀가 많거나 하는 업보를 말해주고,

만약 소견이 삿된 자를 만나면, 변두리에 태어날 업보를 말하여주느니라.

이렇게 염부제의 중생이 몸과 입과 뜻으로 짓는 악습의 결과로 받는 백천 가지의 업보를 이제 대강 말하였거니와, 이러한 염부제의 중생들이 그 업으로 느끼는 차별인지라.

지장보살이 백천 방편으로 교화하건만, 이
모든 중생이 먼저 받은 이러한 업보로 뒤에
지옥에 떨어져서 여러 겁을 지내되 벗어날
기약이 없으므로, 그대들은 사람을 보호하고
나라를 지키어서 이 모든 중생들이 또 다른
중생들을 미혹하게 하는 일이 없도록 하라."
사천왕이 이 말씀을 듣고 눈물을 흘리며 슬
피 탄식하면서 합장하고 물러갔느니라.

지장보살본원경 중권

제5품. 지옥명호품 (지옥의 이름)

그때 보현보살마하살이 지장보살에게 말하시길,

"인자시여, 원컨대 천룡팔부와 미래 · 현재의 모든 중생을 위하여서 사바세계 염부제 죄고 중생이 업보로 받는 지옥의 이름과 악한 과보를 받는 일들을 말하여서 미래세 말법 중생으로 하여금 이 과보를 알게 하소서."

지장보살이 대답하시길,

"인자시여, 내가 이제 부처님의 위신과 대사(보현보살)의 힘을 이어받아 지옥의 명호와 죄업으로 받는 과보를 간략히 말하겠나이다.

인자시여, 염부제의 동방에 산이 있으니, 이름은 철위라고 하는데 캄캄하고 깊어서 해

와 달의 빛이 없으며, 거기에는 이른바,

큰 지옥이 있으니 이름이 극무간이며,

또 지옥이 있어 이름이 대아비이며,

또 지옥이 있어 이름이 사각이며,

또 지옥이 있어 이름이 비도이며,

또 지옥이 있어 이름이 화전이며,

또 지옥이 있어 이름이 협산이며,

또 지옥이 있어 이름이 통창이며,

또 지옥이 있어 이름이 철거이며,

또 지옥이 있어 이름이 철상이며,

또 지옥이 있어 이름이 철우이며,

또 지옥이 있어 이름이 철의이며,

또 지옥이 있어 이름이 천인이며,

또 지옥이 있어 이름이 철려이며,

또 지옥이 있어 이름이 양동이며,

또 지옥이 있어 이름이 포주이며,

또 지옥이 있어 이름이 유화이며,

또 지옥이 있어 이름이 경설이며,

또 지옥이 있어 이름이 좌수이며,

또 지옥이 있어 이름이 소각이며,

또 지옥이 있어 이름이 담안이며,

또 지옥이 있어 이름이 철환이며,

또 지옥이 있어 이름이 쟁론이며,

또 지옥이 있어 이름이 철수이며,

또 지옥이 있어 이름이 다진이라 하나이다.

인자시여, 철위산 내에는 이와 같은 지옥의

수효가 한도 끝도 없나이다.

이 밖에 또 지옥이 있어

규환지옥·발설지옥·분뇨지옥·동쇄지

옥·화상火象지옥·화구지옥·화마지옥·화

우지옥·화산지옥·화석지옥·화상火床지

옥·화량지옥·화응지옥·거아지옥·박피

지옥·음혈지옥·소수지옥·소각지옥·도

자지옥·화옥지옥·철옥지옥·화량지옥 등

이 있나이다.

이 지옥들 속에는 각각 또 작은 지옥들이 있는데 하나나 둘인 것도 있고, 혹은 셋이나 넷인 것도 있으며, 백이나 천인 것도 있어서 그것들의 이름도 각각 다르나이다."

지장보살이 또 보현보살에게 말하시길,

"인자시여, 이는 모두 남염부제에서 악을 행한 중생의 업의 느낌으로 이렇게 되는 것인데, 업의 힘이란 심히 커서 능히 수미산을 대적하고 큰 바다보다 깊어서 능히 성도를 장애하므로, 중생들은 설사 조그마한 악이라 하더라도 죄가 없다 하여 가벼이 하지 말아야 하오며, 죽은 후에는 털끝만 한 것이라도 과보가 있어서 어버이와 자식같이 지극히 가깝다 하여도 그 길이 각각 달라 비록 서로 같이 만나더라도 대신 받을 수 없으므로, 내가 이제 부처님의 위신력을 입어서 다

음에 지옥에서 죄고받는 일을 대략 말하오

리니 바라건대 인자시여, 잠깐 이 말을 들으

소서."

보현보살이 말하시길,

"나는 비록 예부터 삼악도의 죄보를 알고

있지만 인자는 말씀하소서. 후세 말법시대

의 모든 죄 많은 중생들로 하여금 인자의

말씀을 듣고 불법에 귀의하게 하고자 함이

나이다."

지장보살이 말하기를,

"인자시여, 지옥에서 죄업으로 받는 과보는

이러하나이다.

어떤 지옥은 죄인의 혀를 빼어 소로 하여금

갈게 하며,

어떤 지옥은 죄인의 심장을 빼어 야차가 먹

으며,

어떤 지옥은 죄인의 몸을 끓는 가마솥 물에

삶으며,

어떤 지옥은 죄인에게 벌겋게 달군 구리쇠 기둥을 안게 하며,

어떤 지옥은 죄인을 맹렬한 불무더기가 쫓아다니며,

어떤 지옥은 온통 찬 얼음뿐이며,

어떤 지옥은 끝없는 똥오줌이며,

어떤 지옥은 빈틈없이 화살이 날며,

어떤 지옥은 많은 불창이 찌르며,

어떤 지옥은 가슴과 등을 치며,

어떤 지옥은 손과 발을 태우며,

어떤 지옥은 쇠 뱀이 감으며,

어떤 지옥은 무쇠 개에 쫓기며,

어떤 지옥은 무쇠 나귀에 끌리게 하나이다.

인자시여, 이러한 업보로 옥마다 각각 백천 가지의 형벌하는 기구가 있는데 그것은 모두 구리요, 쇠요, 돌이요, 불 아님이 없으

며, 이 네 가지 물건은 여러 가지 업행으로 느끼는 것이오나, 만약 지옥의 고통 받는 일을 자세히 말한다면 한 지옥 가운데서도 다시 백천 가지의 고초가 있으니, 하물며 그 많은 지옥이야 말하여 무얼하겠나이까.

내가 이제 부처님의 위신력을 받들고 인자의 물으심을 받들어 대략 말씀드린 것이 이와 같사오나, 만약 자세히 설명하자면 겁이 다하도록 하여도 마치지 못하겠나이다."

제6품. 여래찬탄품 (부처님이 찬탄하시다)
그때에 세존께옵서는 온몸으로 대광명을 놓으사, 백천억 항하 모래와 같은 모든 불세계를 두루 비추시면서 큰 음성을 내시어 모든 불세계의 일체 모든 보살마하살 및 천룡·귀신과 사람과 사람 아닌 무리들에게 널리 이르시길,

"들으라, 내가 이제 지장보살마하살이 시방 세계에서 가히 생각하고 생각할 수 없는 대자비의 위신력을 나투어 모든 죄고 중생을 구호하는 일에 대하여 칭찬하고 찬탄함을 들으라. 내가 멸도한 연후에 너희들 모든 보살마하살 및 천룡·귀신들도 널리 방편을 지어서 이 경을 지킬 것이며, 온갖 중생들로 하여금 일체 고를 여의게 하고 열반락을 느끼게 하라."

이렇게 말씀하시니, 회중에 한 보살이 있어 이름이 보광이라, 공경히 합장하며 부처님께 사뢰어 말씀하시되,

"이제 세존께옵서는 지장보살에게 불가사의한 큰 위신력이 있음을 찬탄하사오니, 세존께옵서는 미래세의 말법시대 중생을 위하여 지장보살께서 인간과 천상에 이익을 주는 인과를 말씀하시어, 모든 천룡팔부와 미래

세의 중생으로 하여금 부처님의 말씀을 받들게 하옵소서."

그때 세존께옵서 보광보살과 사부대중들에게 이르시길,

"자세히 듣고 자세히 들으라. 내가 마땅히 너희들을 위하여 지장보살이 인간과 천상에 복덕으로써 이익되게 하는 일을 간단히 말하리라."

보광보살이 사뢰어 말씀하되,

"예, 세존이시여. 바라옵건대 즐거이 듣겠나이다."

부처님께옵서 보광보살에게 이르시길,

"미래의 세상에 만약 선남자 선여인이 있어서 이 지장보살마하살의 이름을 듣는 자와 혹은 합장하는 자, 찬탄하는 자와 예배하는 자, 생각하고 사모하는 자, 이러한 사람은 삼십겁의 죄를 초월하리라.

보광보살이여!

만약 어떤 선남자 선여인이 혹은 지장보살의 형상을 그리거나, 혹은 돌·아교·칠·금·은·동·철 등으로 이 보살의 상을 조성하여 한 번이라도 우러러 예배하는 자는 백 번을 저 33천에 나서 영원히 악도에 떨어지지 아니하며, 설령 천상의 복이 다하여 인간으로 태어날지라도 오히려 국왕이 되어서 큰 이익을 얻을 것이니라.

만약 어떤 여인이 여인의 몸을 싫어함에 정성을 다하여 지장보살의 형상이나 흙이나 돌이나 구리쇠·무쇠 등으로 만든 동상에 공양하되, 날마다 열심히 하여 물러남이 없이 항상 꽃·향·음식·의복·비단·당번·돈·보물 등으로 공양하면, 이 선여인은 이 한 번으로 여자 몸의 보가 다하고는 백천만겁에 다시 여인 있는 세계에 나지 않게 되니, 어찌 다시 여인의 몸을 받겠느냐?

다만 자비원력으로 중생을 제도하기 위하여 스스로 받는 여자의 몸을 제외하고는, 이 지장보살을 공양한 힘과 지장보살의 공덕의 힘을 입은 연유로 이 사람은 백천만겁에 다시는 여자의 몸을 받지 않으리라.

보광보살이여,

만약 어떤 여인이 있어 추하고 병이 많은 것을 싫어함에 지장보살의 형상 앞에서 지극한 마음으로 우러러 예배하기를 한 식경만이라도 한다면, 이 사람은 천만겁 중에 받을 몸의 모양새가 원만하며 온갖 질병이 없을 것이며, 이 추한 여인이 만약 여자의 몸을 싫어하지 않는다면 백천만억겁을 항상 왕녀나 왕비가 되거나 재상이나 명문 집안의 큰 장자의 딸이 되어 단정하게 태어나고 모든 모양새가 원만하리라. 이와 같이 지장보살

께 지극한 마음으로 우러러 예배하면 이와

같은 복을 얻으리라.

보광보살이여, 만약 어떤 선남자 선여인이

지장보살의 형상 앞에서 모든 음악을 지으

며 노래하며 찬탄하고 향과 꽃으로 공양하

고 또 이를 남에게 권하면, 이러한 무리는

현재 이 세상에서나 미래의 세상에 있어서

항상 여러 신들이 밤낮으로 수호하여서 악

한 일은 전혀 귀에도 들리지 않게 하나니,

어찌 모든 횡액을 직접 받는 일이 있겠느냐.

또 보광보살이여, 미래 세상에 만약 악인이

나 악신·악귀 등이 있어 어떤 선남자 선여

인이 지장보살 형상에 귀의하여 공경하며

공양하고 찬탄하며 우러러 예배함을 보고,

혹 망령되게 꾸짖고 헐뜯거나 공덕이나 이

익이 없다고 비방하거나 혹은 이를 들어서

비웃거나, 혹은 돌아서서 그르다 하거나 혹

은 다른 사람에게 말하기를 그르다고 하거나, 혹은 여러 사람들과 같이 그르다고 하거나 하는 등 만약 한 생각만이라도 꾸짖고 훼방하는 마음을 낸다면, 이러한 사람은 현겁의 천불이 멸도하신 뒤까지도 훼방한 죄보로 사뭇 아비지옥에 있으면서 매우 중한 죄보를 받을 것이며, 이 겁을 지나고 나서야 비로소 아귀보를 받게 되며, 또 천겁을 지나고도 다시 축생보를 받게 될 것이며 또 천겁을 지나고서 비로소 사람의 몸을 받게 되는데, 비록 사람의 몸을 받아도 빈궁하고 하천하여 이·목·구·비 등 육근을 갖추지 못하고 많은 악업이 그 몸에 맺혀서 곧 또다시 악도에 떨어지게 되느니라.

그러므로 보광보살이여,

다른 사람이 공양 올리는 것을 비방하고 헐뜯기만 하여도 이러한 죄보를 받거늘, 더구

나 다른 나쁜 소견을 내어서 불법을 직접 훼
방하고 파괴함이야 말해 무엇하랴.

보광보살이여,

만약 미래의 세상에 어느 선남자 선여인이
오래 병상에 누워서 살려고 하여도 죽으려
고 하여도 모두 마음대로 안 되고, 혹 꿈에
는 악귀나 또는 집안 친족과 험악한 길을 헤
매며 혹 도깨비에 홀리고 귀신과 함께 놀고
하여, 이와 같이 날이 가고 달이 가고 해가
깊어짐에 점점 몸이 야위어져 잠자다가도
괴로워 소리치며 처참하고 괴로워하는 자
는, 이것은 모두 다 업장으로 죄업의 가볍고
무거움을 정하지 못하여, 혹은 수명을 버리
기도 어렵고 혹은 병이 나을 수도 없게 되
니, 이것은 속된 남녀의 눈으로는 이 일을
알지 못하느니라.

이러한 때는 마땅히 모든 불·보살의 형상

앞에서 이 경을 높은 소리로 한 번 읽거나,
혹은 그 병자가 아끼는 것을 혹은 의복·보
배·장원·사택이건 간에 그걸 놓고서 병자
앞에서 분명히 말하기를,
'저희들 아무개 등은 병자를 위하여 경전과
불상을 모신 앞에 이 모든 물건들을 올리며,
혹은 경이나 불상 앞에 공양하며, 혹은 불·
보살의 형상을 조성하며, 혹은 탑이나 절을
만들며, 혹은 등을 밝히며, 혹은 상주대중에
보시하겠습니다.' 하고 이렇게 세 번 병자가
알아듣도록 하라.
만약 병자의 모든 의식이 흩어지고 숨기운
이 다한 자리면 1일 내지 2일, 3일, 4일에
서 7일에 이르도록 다만 높은 소리로 이 일
을 말하고, 경을 읽을 지니라. 이 사람은 목
숨이 다한 연후에 숙세의 허물과 무거운 죄
가 오무간지옥에 떨어질 죄라도 영원히 해

탈함을 얻어서 태어나는 곳마다 항상 숙명을 알게 될 것이니, 어찌 하물며 스스로 이 경을 쓰거나, 혹은 사람으로 하여금 쓰게 하거나, 혹은 스스로 보살의 형상을 조성하고 그리거나 남에게 권유하여 그렇게 하거나 한다면 그 공덕으로 반드시 큰 이익을 얻지 않으리오.

그러므로 보광보살이여, 만약 어떤 사람이 이 경을 독송하거나 한 생각만이라도 이 경을 찬탄하고 이 경을 공경하는 자를 보거든, 그대는 마땅히 백천 방편으로 이들에게 권하여서 정근하는 마음이 물러나지 않도록 한다면, 능히 현재와 미래에 백천만억의 불가사의한 공덕을 얻게 되리라.

그리고 또 보광보살이여, 만약 미래의 세상에 모든 중생들이 혹 꿈에 귀신이나 여러 가지 형태를 보되, 혹은 슬퍼하고 혹은 울며 혹은 조심하고 혹은 탄식하며 혹은 공포하는 것이 나타나면, 이는 일생이나 십생 또는 백생·천생 과거세의 부모나 형제 자매 남편이나 아내 등 권속이 악도에서 벗어나지 못하고, 어디에 구원해줄 복된 힘으로 구원을 얻을 희망이 없으므로 불가불 숙세골육에게 호소하여 방편을 지어 악도에서 벗어나기를 원하는 것이니,

보광보살이여,

너는 그대의 신력으로 그러한 사람들을 시켜서 모든 불·보살의 상 앞에서 지극한 마음으로 이 경을 읽게 하거나 혹은 사람을 시켜서 읽게 하되, 세 번이나 혹은 일곱 번을 읽으면 그러한 악도의 권속들이 마땅히 해탈을 얻고 몽매 중에는 다시는 나타나지 않으리라.

또 보광보살이여, 만약 미래의 세상 가운데

에 여러 하천한 무리들이 있어 혹은 종이 되
며, 내지는 모든 자유를 잃는 자들이 숙세의
업보라는 것을 깨닫고 참회를 하고자 하거
든, 지극한 마음으로 지장보살의 형상을 우
러러 예배하면서 7일 동안 보살의 명호를
염하여 만 번을 채울 것이니, 이렇게 하는
사람은 지금의 보가 다한 후에는 천만생 동
안 항상 존귀한 몸으로 태어나며, 다시는 삼
악도의 고통을 겪지 않으리라.

보광보살이여,

미래세의 염부제에서 바라문·찰제리·장
자·거사 그밖의 모든 사람들과 성을 달리
하는 종족의 새로 태어나는 자가 남자든 여
자든 간에 7일 이내에 이 불가사의한 경전
을 읽어주고, 다시 보살의 이름을 만 번 불
러주면, 이 어린아이가 남자거나 여자거나
간에 비록 숙세의 허물이 있어 죄보가 있더

라도 문득 해탈을 얻게 되어 안락하게 잘 자랄 것이며, 수명이 증장되며 만약 그가 복을 받아 태어난 자리면, 더욱더 안락과 수명을 더하게 될 것이니라.

보광보살이여,

미래세의 중생이 매달 1일, 8일, 14일, 15일, 18일, 23일, 24일, 28일, 29일과 30일에는 모든 죄를 모아 그 가볍고 무거움을 정하나니, 대개 남염부제의 중생으로서 몸을 움직이고 마음을 쓰는 것이 업 아님이 없고 죄 아닌 것이 없는데, 어찌 하물며 방자한 마음으로 산 목숨을 죽이거나 해롭게 하며 도둑질하고 사음을 하며 망언을 하는 백천 가지의 죄상이랴. 만약 능히 십재일에 불·보살님과 모든 성현의 존상 앞에서 이 경을 한 번 읽으면, 동서남북 백 유순 내에서는 모든 재앙과 고난이 없으며 그가 사는

집안에 어른이나 어린이가 현재 또는 미래
백천세에 영원히 악도를 여의게 될 것이며,
매달 이 십재일에 능히 이 경을 한 편씩 읽
으면 현재의 이 집안에 모든 횡액과 질병이
없고 의식이 풍족하리라.

이러므로 보광보살이여, 마땅히 알라.

지장보살은 이와 같은 말할 수 없는 백천만
억의 큰 위신력의 이익되는 일이 있음을 알
며, 염부제 중생들은 모두가 이 지장보살에
게 큰 인연이 있으니, 이 모든 중생들이 지
장보살의 이름을 듣거나 지장보살의 형상을
보거나 또는 이 경을 석 자나 다섯 자 혹은
한 게송 한 글귀라도 듣는 자는, 현재에 특
별히 안락함을 얻을 것이며 미래세 백천만
생 동안에 항상 단정한 몸으로 존귀한 가문
에 태어나게 되리라."

그때에 보광보살이 부처님께서 지장보살을

칭찬하고 찬탄하심을 보고 무릎을 꿇고 합

장하며 다시 부처님께 사뢰었다.

"세존이시여, 저는 오래 전부터 이 지장보살

이 지닌 불가사의한 신력과 큰 서원력을 안

지 오래이오나, 미래의 중생들을 위하여 저

들에게 알려서 이익을 주기 위하여 짐짓 부

처님께 여쭈었나이다.

세존이시여, 이 경의 이름은 무엇이라 하오

며, 저희가 어떻게 펴야 하오리까? 말씀해

주시옵소서."

부처님께서 보광보살에게 이르시길,

"보광보살이여,

이 경의 이름은 대체로 세 가지이니

하나는 지장 본원이요,

하나는 지장 본행이요,

하나는 지장 본서력경 이니라.

이는 지장보살이 오랜 겁으로부터 내려오면

서 크고 중한 원을 세워서 중생들에게 이익
을 주어왔으니, 너희들은 이 원에 의지하여
펴 나가도록 하여라."
보광보살이 부처님의 말씀을 듣고 합장 공
경 예배한 다음 물러갔다.

제7품. 이익존망품 (죽은 사람도 산 사람도 이익 되다)
그때에 지장보살마하살이 부처님께 사뢰어
말씀하되,
"세존이시여, 제가 이 염부제의 중생을 보
니, 그들이 발을 옮기고 생각하는 것이 죄
아님이 없나이다.
혹 착하고 옳은 이익 됨을 만나도 흔히 처음
에 낸 마음은 없어지며, 혹 나쁜 인연을 만
나면 생각 생각에 점점 더 나쁜 것을 더하게
되니, 이러한 사람들은 마치 무거운 돌을 지
고 진흙구덩이를 밟는 것과 같아서 자꾸 지

우리말 지장경

81

치고 무거워져서 발이 더욱더 빠져들어 가는 것과 같나이다.

만약 선지식을 만나게 되면 그 짐을 대신 덜어서 지거나 혹은 전부 다 져다 주나니, 이 선지식은 큰 힘이 있는 연고로 다시 서로 부축하여 도와주며, 권하여 다리를 굳건하게 해주며, 만약 평지에 다다라서는 나쁜 길을 살펴서 두 번 다시 그런 곳을 지나는 일이 없도록 하나이다.

세존이시여, 악을 익히는 중생은 하찮은 것으로부터 문득 한량없는 곳까지 이르나니, 이 모든 중생이 이와 같은 습성이 있으므로 임종시에 다다라서는 남녀 권속들이 마땅히 그를 위하여 복을 베풀어서 앞길을 열어주되, 혹 번개(기)를 달며 등을 켜며, 혹 높은 경을 읽고, 혹 불상 및 모든 성상에 공양하며, 내지 불·보살과 벽지불을 염하면서 그 명호를 하나하나 분명히 불러서 임종하는 사람의 귀에 들어가고 그 본식에 밝히도록 하면, 이 모든 중생의 지은 바 악업으로 반드시 악도에 떨어지게 되었더라도 이 권속들이 그를 위하여 짓는 인연공덕으로 그가 지은 갖가지 죄가 모두 소멸될 것이오며, 만약 그가 죽은 뒤, 다시 7·7일 안에 능히 여러 가지 공덕을 지어주면 이 모든 중생으로 하여금 영원히 악도를 여의고, 인간과 천상에 태어나서 수승하고 묘한 낙을 받을 것이며, 현재 권속도 이익이 한량없을 것이니, 이런 고로 제가 이제 부처님을 모시고 천룡팔부와 인간과 인간 아닌 무리들을 대하여 저 염부제 중생에게 권하되, 임종하는 날에 삼가 산 목숨을 죽이거나 악한 인연을 짓지 말며, 귀신과 도깨비들에게 제사하여 구하지 말라고 하나이다.

왜냐하면, 이 살생하는 일과 내지 귀신에 제사하는 일이 털끝만큼도 죽은 사람에게 이익됨이 없으며, 죄연만 더욱더 깊고 무겁게 짓도록 하는 것이니, 설사 내생이나 혹은 현생에 성현의 명분을 얻어서 인간과 천상에 태어나게 되었더라도 임종할 때에 권속들이 악한 일을 행하면, 이 죽은 사람에게 재앙과 화가 되어서 이 명을 마친 사람이 여러 가지의 일에 분별을 짓느라고 좋은 곳에 태어나기가 늦어지거늘, 어찌 하물며 임종하는 사람이 살아 있었을 때, 조그마한 선근도 없다면 그 스스로 지은 업에 의하여 스스로 악도에 떨어지게 될 것이니, 이에 어찌 살아 있는 권속들이 다시 업을 더하게 할 것인가?

마치 그것은 어떤 사람이 있어 먼 길을 오는데 먹을 것은 떨어진 지 삼일째요, 짊어진 짐은 백 근이 넘거늘, 문득 이웃사람을 만나

서 다시 또 작은 짐보따리를 더 얻어 받게
된 형상으로 더욱더 곤란이 가중되는 것과
같나이다.
세존이시여,
제가 보니 염부제 중생이 모든 부처님의 가
르침 가운데 착한 일을 한 터럭·한 물방
울·한 모래·한 티끌만큼이라도 하게 되면,
이와 같은 이익을 모두 스스로 얻나이다."
이와 같은 말씀을 할 때, 회중에 한 장자가
있으니, 이름은 대변이라. 이 장자는 오래
전부터 무생을 얻어서 시방세계의 중생을
교화 제도하면서 장자의 몸을 나투어 합장
공경하며 지장보살에게 물어 말씀하시길,
"지장보살이여, 이 남염부제의 중생이 목숨
을 마친 뒤에 그의 권속들이 망인을 위하여
공덕을 닦아주거나 재를 베풀거나 하여 여
러 가지 선한 일을 하게 되면, 이 목숨을 마

친 사람이 큰 이익을 얻고 해탈을 하게 되니이까?"

지장보살이 말씀하여 대답하시되,

"장자여, 내가 지금 미래·현재 일체 중생들을 위하여 부처님의 위신력을 이어서 간단히 이 일을 설하노니, 장자여 미래·현재 모든 중생들이 명을 마칠 때, 다다러서 한 부처님의 이름이거나 한 보살님의 이름이거나 한 벽지불의 이름이 귓가에 스치기만 하여도 죄가 있고 죄가 없음을 물을 것 없이 모두 다 해탈을 얻게 되나니라.

만약 어떤 선남자와 선여인이 살아 있을 때에 착한 일을 하지 못하고 많은 죄를 지었더라도 명이 다한 후에 비록 대소 권속들이 일에 모든 훌륭한 공덕을 지어서 복되게 하더라도 칠분의 일은 망인이 얻게 되고 나머지 공덕은 산 사람에게 이익이 되어 돌아가

나니,

이런 연고로 현재 선남자·선여인이 잘 듣고 스스로 닦으면 그 공덕의 전부를 얻을 수 있으리다.

죽음의 귀신이 기약 없이 다다르면 어둠 속을 헤매는 귀신이 되어 죄와 복을 알지 못하고 7·7일 동안 어리석고 귀머거리 같다가 모든 사직에게서 업과를 변론하여 심사판정이 있은 뒤에야 업에 의하여 생을 받게 되나, 헤아리지 못하는 사이에 근심과 고통이 천이요 만인데, 더구나 모든 악도에 떨어짐이리요.

이 목숨을 마친 사람이 아직 다시 태어남을 얻지 못하고 7·7일 안에 있을 때, 생각 생각에 모든 골육 권속이 복을 지어 구원해 주기만을 바라다가 이 날(7·7일)이 지난 후에는 업에 따라 보를 받게 되니, 그가 만약

죄 많은 중생이라면 천·백세가 지나더라도 해탈할 날이 없을 것이며,

만약 그가 오무간 죄로 큰 지옥에 떨어지게 되면, 천겁 만겁토록 영원히 고통이 끊일 새가 없나이다.

또 장자여, 이와 같은 죄업 중생은 목숨을 마친 뒤에 골육 권속이 그를 위하여 재를 지내어 그의 업의 길을 도와주되, 재식을 마치기 전이나 재를 지내는 동안에 쌀뜨물·나물 잎사귀 등을 함부로 땅에 버리지 말며, 모든 음식을 부처님과 스님들께 올리기 전에는 먼저 먹지 말지니라. 만약 이를 어기어 먹거나 또는 깨끗하게 힘쓰지 않으면 이 목숨을 마친 사람이 힘을 얻지 못하리라. 만일 깨끗하게 힘써서 청정함을 갖추어 부처님·스님네께 올리면, 이 목숨을 마친 사람이 그 공덕의 7분의 1을 얻으리라.

이러므로 장자여, 염부제의 중생이 능히 그 부모나 권속을 위하여 목숨이 다한 뒤에 재를 베풀어 공양하되, 지극한 마음으로 부지런히 정성껏 하면 산 사람도 죽은 사람도 모두 다 이익을 얻게 되리라."

이 말씀을 하실 때에 도리천궁에 있던 천만 억 나유타 염부제의 귀신이 다 한량없는 보리심을 발하였고, 대변 장자는 환희심으로 가르침을 받들고 예배하고 물러갔느니라.

제8품. 염라왕중찬탄품 (염라대왕들을 찬탄하시다)

이때에 철위산 안에 한량없는 귀왕과 염라천자가 함께 도리천에 와서 부처님 계신 곳에 모이니,

이른바

악독귀왕 · 다악귀왕 · 대쟁귀왕 · 백호귀왕 · 혈호귀왕 · 적호귀왕 · 산앙귀왕 · 비신

귀왕·전광귀왕·낭아귀왕·천안귀왕·담

수귀왕·부석귀왕·주모귀왕·주화귀왕·

주복귀왕·주식귀왕·주재귀왕·주축귀

왕·주금귀왕·주수귀왕·주매귀왕·주산

귀왕·주명귀왕·주질귀왕·주험귀왕·삼

목귀왕·사목귀왕·오목귀왕·기리실왕·

대기리실왕·기리차왕·대기리차왕·아나

타왕·대아나타왕 등 이러한 대귀왕들이 각

각 백천의 여러 귀왕과 더불어 모두 염부제

에서 살고 있어서 그들은 각각 맡은 바가 있

고 머물 곳이 있으니, 이 모든 귀왕이 염라

천왕과 더불어 부처님의 위신력과 지장보살

마하살의 힘을 받들어 다 함께 도리천에 이

르러 한쪽에 서 있었다.

그때에 염라천자가 끓어앉아 합장하고 부처

님께 말씀드리기를,

"세존이시여, 저희들은 지금 여기 모인 모든

귀왕들과 더불어 부처님의 위신력과 지장보
살마하살의 힘을 받들고, 이 도리천의 큰 모
임에 오게 된 것은 저희들이 좋은 이익을 얻
기 때문이온데 제가 이제 적은 의심이 되는
일이 있어 감히 세존께 물사오니, 세존께서
는 자비로써 말씀하여 주시옵소서.”
부처님께서 염라천자에게 이르시길,
“그대는 마음대로 물으라. 너를 위하여 말하
여 주리라.”
이때에 염라천자가 세존을 우러러 절하고
지장보살을 돌아보고는 부처님께 사뢰었다.
“세존이시여, 제가 지장보살을 생각하건대
육도 중에 계시오면서 백천 가지 방편으로
죄고 중생을 제도하심에 피곤함도 괴로움도
모르시오며, 이 대보살께서는 이와 같은 불
가사의한 신통한 힘이 있사오나, 모든 중생
들은 죄보에서 잠시 벗어났다가도 오래지

않아 또다시 악도에 떨어지고 있나이다.

세존이시여, 이 지장보살은 이미 이와 같은 불가사의한 신력을 지니고 계시거늘, 어찌하여 중생들은 좋은 데에 의지하여 영원한 해탈을 얻지 못하나이까? 바라옵건대 세존이시여, 저희들을 위하여 해설하여 주옵소서."

부처님께서 염라천자에게 이르시길,

"남염부제 중생이 그 성질이 억세고 거칠어서 길들이기 어렵고 꺾기 어려운 것을 이 대보살이 백천겁에 하나하나 구출하여서 그러한 중생들을 일찍이 해탈하게 하였느니라. 저 모든 죄인들이 큰 악도에 떨어진 자까지라도 보살이 방편의 힘으로 그 근본 업연에서 구출하여 그들로 숙세의 일을 깨닫게 하건만, 염부제 중생이 악습을 맺은 바가 중하여 나왔다가는 다시 들어가곤 하여서 이 보살을 수고롭게 하고 오랜 겁을 지내면서 제도하여야 해탈하게 되느니라.

비유하건대, 어떤 사람이 그의 본집을 잃고 잘못하여 험한 길로 들어섰는데 그 험한 길 도중에는 여러 야차와 호랑이·사자·구렁이·독사 등이 많이 있어서 이 길 잃은 사람이 이 험한 길에 들어서매 잠깐 사이에 이 모든 독한 것들을 만나게 되었을 때, 그때 많은 술법을 알고 여러 가지 사나운 독 및 야차의 독까지도 잘 풀을 수 있는 선지식인이 있어서 이 험로에서 자꾸만 이 험한 길로 들어서려는 길 잃은 사람들을 만나 말하였다.

'이 딱한 사람아 어쩌자고 이런 길로 들어왔는가. 어떤 기이한 술법이라도 가지고 있어 모든 독물을 물리칠 수 있다는 말인가?' 하였다.

이 길 잃은 사람은 그 말을 듣고 문득 험로

에 들어선 것을 비로소 알고 곧 물러나서 여기에서 벗어나는데, 이 선지식이 그를 이끌어서 험로 속의 여러 악독한 것으로부터 벗어나게 하고 안전한 곳에 이르게 하여 편안케 한 연후에 그에게 말하기를,

'딱한 사람아, 이 다음부터는 저 길을 결코 가지 말라. 그 길로 들어가면 좀처럼 빠져나오기 어려우며, 또 목숨까지도 다치게 되느니라.'

이 말을 듣고 길 잃은 사람은 깊은 감동을 받았다. 헤어짐에 다다라 선지식인은 또 말하기를,

'만약 모든 길 가는 사람을 보거든 친지이거나 또는 아니거나 간에, 또 남자거나 여자거나 간에 저 길에는 여러가지 사나운 독한 것들이 많아서 목숨을 잃는다고 말하여서 그들로 하여금 죽음을 스스로 취하지 않도록

하라고 한 것과 같느니라.'

이러한 까닭에 지장보살은 대자비를 갖추고 죄고 중생을 구출하여 천상이나 인간에 태어나게 하여서 훌륭한 낙을 받도록 해주며, 이 모든 죄고 중생들이 업도의 괴로움을 알아 악도에서 벗어나 영원히 다시는 그 길에 들어서지 않게 하나니, 이것은 저 길을 잃은 사람이 험한 길로 잘못 들어갔을 때에 선지식인을 만나 이끌려 나오게 되어 다시는 영원히 그런 곳에 빠져들지 않는 것과 같고, 그가 다시 다른 사람에게 들어가지 말도록 권한다면 자연히 이로 인하여 어리석음으로부터 벗어나 해탈을 얻게 되고, 다시는 악도에 들어가지 않는 것과 같느니라.

만약 두 번 다시 그 길을 밟는다면 아직도 미혹한 가운데에 있는 것이라, 일찍이 예전에 빠졌던 험한 길을 깨닫지 못하고서 목숨을 잃기도 하는 것처럼 저 악도에 떨어진 중생을 지장보살이 방편의 힘으로 구해내어서 인간이나 천상에 태어나게 하나 저들은 다시 돌고 돌아 또 악도에 들어가나니, 그와 같이 만약 업이 중하면 길이 지옥에 빠지게 되어 해탈할 때가 없느니라."

그때 악독귀왕이 합장 공경하고 부처님께 사뢰었다.

"세존이시여, 저희들 여러 귀왕들은 그 수효가 한량없나이다. 염부제에 있으면서 혹은 사람에게 이익을 주기도 하고 혹은 사람에게 손해를 주기도 하는 것이 각각 서로 같지가 않으오니, 이것은 저희들의 업보이옵니다.

제가 권속들로 하여금 여러 세계를 돌아다니게 하여 보니, 악한 것이 많고 선한 것은 적습니다. 사람의 가정이나 혹은 성읍·취

락·장원·방사를 지나다가, 혹 어떤 남자나 여인이 터럭만큼이라도 착한 일을 하거나, 삼보를 공양하는 일산 하나를 달든지 자그마한 향이나 꽃을 가지고 불·보살의 존상 앞에 공양하거나 혹은 존중한 경전을 독송하거나 향을 사루어 부처님 법문의 한 구절이나 한 게송이라도 공양하면 저희들 귀왕이 이 사람에게 경례하되, 저 과거·현재·미래의 모든 부처님과 같이 하며, 각각 큰 힘이 있고 토지를 맡은 모든 작은 귀신들로 하여금 다시 호위하게 하여서 사나운 횡액·사나운 병·뜻과 같지 않은 일들이 이 사람의 집 근처에서는 일어나지 않게 하겠사오니, 더구나 그런 것이 그 집안으로 들어가게 하겠나이까?"

부처님께서 귀왕을 칭찬하시기를,

"착하고 착하다. 너희들과 염라천자가 더불

어 이와 같이 능히 선남자 선여인을 옹호하니, 내 또한 범왕과 제석에게 일러서 너희들을 지키고 돕게 하리라."

이 말씀을 하실 때, 회중에 한 귀왕이 있어서 이름이 주명인데 부처님께 말씀드리기를, "세존이시여, 저는 본래 업연이 염부제 사람들의 수명을 관장하고 있사온데, 저들의 날 때와 죽을 때를 제가 모두 맡아서 하오며, 저 본래의 원에 있어서는 크게 중생을 이익되게 하려는 것이오나, 중생들은 제 뜻을 알지 못하고 나고 죽음에 모두 편안함을 얻지 못하나이다.

왜냐하면, 이 염부제 사람들이 처음 태어났을 때 남자거나 여자거나 간에 나기 전에 착한 일을 하게 되면, 집안에 이익이 더하고 토지신도 한없이 기뻐하면서 아기와 어머니를 옹호하여 큰 안락을 얻게 하고 권속도 이롭게 하나이다.

그러므로 이미 아이를 낳은 뒤에는 삼가 살생을 말아야 할 것이온데, 여러 가지 비린 것들을 가져다가 산모에게 먹이며, 또한 많은 권속들이 모여 술마시고 고기를 먹으며 노래를 부르고 풍악을 울리고 즐긴다면, 모자가 함께 편안하고 즐거움을 얻지 못하게 되는 것이나이다.

왜냐하면 아이를 낳을 때, 무수한 악한 귀신과 도깨비들이 비린내 나는 피를 먹고자 하옵거늘, 제가 미리 사택 토지의 신들로 하여금 산모와 아기를 보호하여서 편안케 해주나이다.

그런데 사람들이 안락함을 얻었으면 마땅히 착한 일을 하여서 여러 토지신들에게 보답하여야 하옵거늘, 도리어 산 목숨을 죽여서 잔치를 베풀곤 하니, 이는 스스로 재앙을 불

러서 받는 일이라, 산모와 아기가 함께 손상

을 하는 것이나이다.

그리고 또 염부제 사람들이 목숨을 마치게

되면 그 사람의 선악을 묻지 않고 그들을 모

두 악도에 떨어지지 않도록 하나이다. 그런

데 더구나 스스로 선근을 닦는다면 저의 힘

을 더해 주는 것이 되오니 어떠하리까.

그러나 이 염부제에서 선을 행한 사람들도

임종할 때에는 역시 백천이나 되는 악도에

빠진 귀신들이 부모나 모든 권속의 형상으

로 변하여 나타나 망인을 이끌어 악도에 빠

지게 하거늘, 어찌 하물며 본래부터 악을 지

은 자들은 말해 무엇하오리까.

세존이시여, 이와 같은 염부제의 남자와 여

자들은 임종할 때에 신식이 혼미하여 선악

을 분간하지 못하며, 눈과 귀로는 아무것도

보거나 듣는 것이 없는데,

만약 그의 모든 권속들이 마땅히 큰 공양을 베풀고 존중한 경을 읽으며 불·보살의 명호를 염하면, 이러한 좋은 인연이 능히 망인으로 하여금 모든 악도를 여의게 하고 모든 마군과 귀신들이 흩어져 사라지게 되나이다.

세존이시여, 일체 중생이 임종할 때에 만약 한 부처님의 명호나 한 보살의 명호만 들어도, 혹은 대승경전의 한 구절 한 게송이라도 듣는다면, 제가 이러한 사람들을 살펴 오무간지옥에 떨어질 살생의 죄만 아니라면 소소한 악업으로 인하여 악도에 떨어질 자들을 모두 다 해탈을 얻게 하겠나이다.”

부처님께서 주명귀왕에게 말씀하시기를, “네가 대자비로 능히 큰 원을 세우고 생사계 중에서 모든 중생을 보호하는구나. 미래세에도 남녀 중생이 나고 죽고 할 때, 네가 결

단코 이 원력에서 물러서지 말고 모두 해탈

하게 하여서 안락함을 얻도록 하라."

귀왕이 부처님께 말씀드리기를,

"바라옵건대 세존이시여, 염려하지 마옵소

서. 제가 이 몸이 다할 때까지 생각 생각에

염부제의 중생들을 응호하여서 날 때나 죽

을 때나 모두 안락함을 얻도록 하며, 다만

모든 중생이 나고 죽을 때에 저의 말을 믿고

받아들여서, 모두 해탈하여 큰 이익을 얻는

것이 원이옵니다."

그때 부처님께서 지장보살에게 말씀하시기를,

"이 수명을 맡은 대귀왕은 이미 과거 백천생

동안을 지나오면서 대귀왕이 되어서 나고

죽는 가운데서 중생을 응호하고 있나니, 이

대귀왕의 자비원력인 까닭에 현재 대귀왕의

몸을 나투었어도 실로 귀신이 아니니라.

앞으로 일백칠십 겁을 지나서 주명 대귀왕

은 마땅히 성불할 것이니, 그때 불명호는 무상여래이고 겁의 이름은 안락이며, 세계의 이름은 정주이고 그 부처님의 수명은 가히 헤아릴 수 없는 겁이 되리라.

지장보살이여. 이 대귀왕의 일이 이와 같이 불가사의하여서 그가 제도하는 천상 사람과 세간 사람도 또 그 수가 한량없느니라."

제9품. 칭불명호품 (부처님 명호를 부르면)

그때에 지장보살마하살께서 부처님께 사뢰어 여쭈옵되,

"세존이시여, 제가 지금 미래세의 중생들을 위하여 이익이 되는 일을 말하여 생사 중에서 큰 이익이 되도록 할까 하오니, 원컨대 세존께서는 허락하여 주옵소서."

부처님께서 지장보살에게 이르시길,

"네가 지금 자비심을 일으켜서 일체 죄고 육

도 중생을 제도하고자 하여 불가사의한 일을 말하려 하니, 지금이 바로 그때라 마땅히 속히 설하여라. 나는 곧 열반하리니 그대의 원을 일찍이 마치게 된다면, 나도 또한 현재와 미래의 일체 중생에게 근심이 없으리라."

지장보살이 부처님께 말씀드리기를,

"세존이시여, 과거 무량 아승지겁에 부처님이 계셔서 세상에 출현하시니, 호는 무변신여래이십니다. 만약 어떤 남자나 여인이 이 부처님 명호를 듣고 잠깐이라도 공경심을 내게 되면, 곧 사십 겁 동안에 생사계의 중죄를 초월하게 되옵거늘, 어찌 하물며 부처님 형상을 조성하고 탱화도 모시어 공양하고 찬탄함이야 그 사람이 얻는 복이 어찌 무량무변하지 않겠나이까.

또 과거 항하사 겁에 부처님이 세상에 출현하셨으니 명호는 보승여래이십니다. 만약 어떤 남자나 여인이 이 부처님의 이름을 듣고, 한 번 손가락을 튕길 동안이라도 발심하여 귀의하면, 이 사람은 무상도에서 길이 퇴전치 아니하리다.

또 저 과거 부처님이 계셔서 세상에 출현하시니 명호는 파두마승여래이십니다. 만약 어떤 남자나 여인이 이 부처님의 명호를 듣되 귀를 거치기만 하여도 이 사람이 마땅히 천 번을 육욕천 가운데에 태어나거늘, 하물며 지극한 마음으로 염불을 모심이오리까?

또 저 과거, 말로는 이루 다할 수 없는 겁에 부처님이 세상에 출현하시니, 명호는 사자후여래이십니다. 만약 어떤 남자나 여인이 이 부처님의 명호를 듣고 일념으로 귀의하면, 이 사람은 한량없는 모든 부처님을 만나 마정 수기를 받나이다.

또 과거에 부처님이 계셔서 세상에 출현하

시니, 명호는 구류손불이십니다. 만약 어떤 남자나 여인이 이 부처님의 명호를 듣고 지극한 마음으로 우러러 절하거나 또 찬탄하거나 하면, 이 사람은 저 현겁천불 회중에서 대법왕이 되어서 높은 수기를 받나이다.

또 과거에 부처님이 세상에 출현하시니, 명호는 비바시불이십니다. 만약 어떤 남자나 여인이 이 부처님의 명호를 들으면, 영원히 악도에 떨어지지 않고 항상 인간이나 천상에 나서 승묘한 낙을 받나이다.

또 과거 무량무수 항하사 겁에 부처님이 계셔서 세상에 출현하시니, 호는 다보여래이십니다. 만약 어떤 남자나 여인이 이 부처님의 이름을 들으면, 필경 악도에 떨어지지 않고, 항상 천상에 있으면서 승묘한 낙을 받나이다."

또 과거에 부처님이 세상에 출현하시니, 명

호는 보상여래이십니다. 만약 어떤 남자나

여인이거나 간에 이 부처님의 명호를 듣고

공경심을 내면, 이 사람은 오래지 않아서 아

라한의 과보를 얻나이다.

또 과거 무량 아승지겁에 부처님이 이 세상

에 출현하시니, 명호는 가사당여래이십니

다. 만약 어떤 남자나 여인이 이 부처님의

명호를 들으면, 일백천 겁의 생사계의 죄를

초월하나이다.

또 과거에 부처님이 세상에 출현하시니, 명

호는 대통산왕여래이십니다. 만약 어떤 남

자나 여인이 이 부처님의 명호를 들으면, 이

사람은 항하사 부처님의 설법하심을 만나서

반드시 보리를 이루오리다.

또 과거에 정월불·산왕불·지승불·정명왕

불·지성취불·무상불·묘성불·만월불·

월면불 등 이러한 말할 수 없는 부처님이 계

셨나이다.

세존이시여, 현재나 미래에 일체 중생이 하늘사람 또는 사람이거나, 혹은 남자나 여인이거나 간에 단 한 분의 부처님의 명호를 생각하여도 그 공덕이 한량없거늘, 하물며 많은 부처님의 명호를 염하는 것이오리까.

이 중생들은 살았을 때나 죽었을 때나 스스로 큰 이익을 얻어 마침내는 악도에 떨어지지 아니하옵니다.

만약 목숨을 마치는 사람이 있어서 그의 집안 권속들 중 한 사람만이라도 이 사람을 위하여 큰 소리로 한 부처님 명호만 염하여도 명을 마치는 사람은 오무간의 대죄를 제하고 나머지 업보는 모두 다 소멸되오며, 오무간의 대죄가 비록 극중한 것이어서 억겁을 지나도록 나올 수 없는 것이지만, 권속 중 한 사람이 목숨을 마치는 사람을 위하여서

사
경
본

108

부처님의 명호를 생각하고 부른다면, 이러한 중죄가 점점 소멸되거늘, 어찌 하물며 중생이 스스로 부르고 생각함이리까. 한량없는 죄가 소멸되고 한량없는 복을 얻나이다."

지장보살본원경 하권

제10품. 교량보시공덕품 (보시한 공덕을 비교하다)

그때에 지장보살마하살이 부처님의 위신력을 받들어 자리에서 일어나 무릎을 꿇고 합장하고 부처님께 말씀드리기를,

"세존이시여, 제가 업도 중생의 보시 공덕을 헤아려 보건대, 혹 가벼운 자도 있으며, 혹 중한 자도 있어서 어떤 이는 일생 동안 복을 누리는 이도 있고, 십생 동안 복을 누리는 이도 있고, 백천생에 큰 복을 받는 이도 있으니, 이 일은 어떠한 까닭이옵니까? 바라옵건대 세존이시여, 저를 위하여 말씀하여 주옵소서."

그때에 부처님께서 이르시기를,

"내가 지금 이 도리천궁의 일체 대중이 모인 이 모임에서 염부제에서 보시한 공덕의 가볍

고 중한 것을 헤아려 말하노니 너는 마땅히
자세히 들어라. 내가 너를 위하여 말하리라."
지장보살이 부처님께 말씀드리기를,
"저는 이 일에 대하여 궁금하오니 기꺼이 듣
고자 하나이다."
부처님께서 지장보살에게 이르시기를,
"남염부제의 여러 국왕이나 재상 또는 대신
이나 큰 장자나, 큰 찰제리나 대바라문 등이
있어서 매우 빈궁한 자를 만나거나 곱추 또
는 벙어리나 귀머거리나 소경 등 이러한 갖
가지 불구자들을 만나 이 대국왕 등이 보시
하고자 할 때,
만약 능히 대자비심을 갖추어 겸손한 마음
으로 웃음을 지니며 손수 널리 보시하거나
혹은 사람을 시켜서 하더라도 부드러운 말
로 위로하면, 이 국왕 등이 얻는 복리는 백
항하사의 부처님께 보시한 공덕과 같느니

라. 왜냐하면 이는 높고 귀한 자리에 있는 이들이 가장 빈천한 무리 또는 흉한 불구자에게 큰 자비심을 발한 연고라. 이들이 얻는 복리는 백천생 동안 항상 칠보가 구족할 것인데 어찌 하물며 의식 부족이 있겠느냐.

또 지장보살이여,

만약 미래세의 모든 국왕이나 바라문 등이 부처님의 탑이나 절이나 혹은 부처님의 형상이나 보살·성문·벽지불 등의 존상을 보아서 스스로 공양과 보시를 하게 되면, 이 국왕 등은 삼 겁 동안 제석천왕의 몸이 되어서 승묘한 낙을 받을 것이며, 만약 능히 이 보시한 복리는 법계에 회향하면 이 대국왕 등이 십 겁 동안 항상 대범천왕이 되리라.

또는 지장보살이여,

만약 미래세의 모든 국왕이나 바라문 등이 옛 부처님의 탑묘와 경전이나 존상이 허물어

지고 파괴된 것을 만나 이를 보고 이 국왕

등이 발심하여 보수하되, 혹 힘들여 스스로

하거나 혹은 타인에게 권하며 백천인 등에게

보시 인연을 맺어주면, 이 국왕 등은 백천생

동안 항상 전륜성왕의 몸이 될 것이고, 같이

보시한 다른 사람들도 백천생 동안 항상 작

은 나라의 왕이 되는 것이며, 다시 능히 탑

묘 앞에서 회향심을 내게 되면, 이러한 국왕

및 그 모든 다른 사람들은 다 불도를 이루오

니, 이 과보는 한량없고 가이없느니라.

또 지장보살이여,

미래세에 모든 국왕과 바라문 등이 모두 늙

고 병든 이나 해산하는 여인을 보고, 만약

한 생각 동안이라도 큰 자비심을 갖추고 의

약·음식·와구 등을 보시하여 안락하게 하

여주면, 이러한 복리는 가장 커서 가히 생각

할 수 없느니라.

일백 겁 중에 항상 정거천주가 될 것이며,

이백 겁 동안은 항상 육욕천주가 될 것이며,

영원히 악도에 떨어지지 않고 백천생 동안

귀로 괴로운 소리도 듣지 않을 것이며, 필경

에는 부처를 이루느니라.

또 지장보살이여,

만약 미래세에 모든 국왕과 바라문 등이 능

히 이와 같은 보시를 하면 한량없는 복을

얻고 다시 능히 회향하며, 많고 적고를 묻

지 아니하고 필경 성불할 것이니, 어찌 하

물며 제석이나 범천이나 전륜왕의 과보를

받겠느냐?

그러므로 지장보살이여,

그대는 널리 중생들에게 권하여 마땅히 이

렇게 배우도록 하라.

또 지장보살이여,

미래세에 만약 선남자나 선여인이 있어 부

처님의 존상이나 보살·벽지불·전륜성왕의 형상을 만나서 보시 공양하면, 한량없는 복을 얻을 것이며, 항상 인간이나 하늘에 태어나서 승묘한 낙을 받을 것이며, 만약 능히 법계에 회향한다면 이 사람의 복리는 가히 비유할 수 없느니라.

또 지장보살이여,

만약 미래세에 선남자나 선여인이 대승경전을 만나서 혹 한 게송이나 한 구절을 듣고 소중한 마음을 내어서 찬탄 공경하고 보시 공양한다면, 이 사람은 한량없고 끝이 없는 큰 복을 얻을 것이며, 만약 능히 법계에 회향하면 그 복은 비유할 수 없느니라.

또 지장보살이여,

만약 미래세에 선남자나 선여인이 탑이나 사원이나 대승경전을 만나서 새 것이면 보시하고 공양하며, 우러러보고 예배하고 찬

탄 공경 합장할 것이며, 오래되어서 혹 헐고
무너진 것이라면 보수하고 관리하되, 혹 홀
로 마음을 내어서 하거나 혹은 타인에게 권
하여 모두 함께 마음을 내서 하거나 한다면,
이와 같은 사람들은 삼십 생 동안 항상 작은
나라의 왕이 될 것이며, 단월인 사람은 항상
전륜왕이 되어 선법으로 여러 작은 나라의
왕들을 교화하리라.
또 지장보살이여,
만약 미래세에 선남자 선여인이 불법 가운
데 심는 바 선근이 혹 보시 공양하고 혹은
탑이나 사원을 보수하고 혹은 경전을 장정
하여 관리하되, 한 털끝·한 먼지·한 모래
알·한 물방울만한 것이더라도 이러한 착한
일을 능히 법계에 회향하면, 이 공덕으로 백
천생 동안 상묘한 낙을 받게 되며, 혹은 다
만 자기 집안 권속에게만 회향하거나 자신

의 이익에만 회향한다면, 이와 같은 과보는

곧 삼생 동안만 낙을 누리게 되나니, 이는

만에서 하나만을 얻는 것이 되리라.

지장보살이여,

보시의 인연공덕은 그 일이 이와 같느니라.”

제11품. 지신호법품 (지신이 법을 옹호하다)

그때에 견뢰지신이 부처님께 사뢰어 말씀하

시되,

“세존이시여, 제가 예부터 한량없는 보살마

하살을 우러러 뵈옵고 예배하온 바, 모두 크

게 불가사의한 신통과 지혜로써 널리 중생

을 제도하시지만, 이 지장보살마하살은 모

든 보살들보다도 서원이 매우 깊나이다.

세존이시여, 이 지장보살마하살이 저 염부

제에 큰 인연이 있으니, 저 문수·보현·관

음·미륵보살 또한 백천으로 형상을 나투어

저 육도의 중생을 제도하시되, 오히려 끝이 있사온대, 지장보살마하살은 육도의 일체 중생을 교화하시니, 서원을 세운 겁 수는 천백억 항하의 모래 수와 같나이다.

세존이시여, 제가 생각하오니, 미래 및 현재의 중생이 살고 있는 곳에서 남쪽으로 정결한 땅에 흙·돌·대·나무로써 집을 만들고 거기에 지장보살의 형상을 그리거나, 또는 금·은·동·철 등으로 지장보살의 형상을 조성하여 모시고 향을 사르고 공양하며 우러러 예배하고 찬탄한다면, 이 사람은 사는 곳에서 곧 열 가지의 이익을 얻게 되나이다.

어떠한 것이 그 열 가지인가 하오면,

1. 토지가 풍년이 들 것이며,

2. 가택이 길이 편안하오며,

3. 조상들이나 죽은 권속이 천상에 나며,

4. 살아 있는 가족들의 수명이 늘며,

5. 구하는 바가 뜻대로 이루어지며,

6. 물·불로 인한 재앙이 없으며,

7. 헛되이 소모하는 일이 없으며,

8. 나쁜 꿈이 없어지며,

9. 출입할 때 신장들이 보호하며,

10. 성스러운 인연을 많이 만나게 되나이다.

세존이시여, 미래세나 현세의 중생이 만약 능히 거주하는 적당한 장소에서도 이와 같은 공양을 올리면, 또한 이와 같은 이익을 얻게 되나이다."

견뢰지신이 다시 부처님께 사뢰어 말씀드리되, "세존이시여, 미래세 중에 만약 어떤 선남자나 선여인이 거주하는 곳에서 이 경전과 보살의 형상을 보고, 이 사람이 다시 이 경전을 독송하며 보살을 공양하면, 제가 항상 밤낮으로 근본 신력으로써 이 사람을 보호하여서 물·불 또는 도적이며 크고 작은 횡액이며 나쁜 일들을 모두 다 소멸케 하오리다."

부처님께서 지신에게 이르시길,

"견뇌여, 너의 큰 신력은 모든 신들이 미치지 못하노라. 왜냐하면 염부제의 토지가 모두 그대의 지킴을 힘입고 있어서 초목이나 모래와 돌, 뼈와 살, 대와 갈대, 곡식과 쌀 등 보배까지 땅으로 인하여 있는 것이며, 이 모두는 다 너의 힘을 입기 때문이니라. 그리고 또 지장보살의 이익에 대하여 그렇게 찬탄하니, 그대의 공덕과 신통은 저 보통의 지신들보다 백천 배가 되나니라.

만약 미래세 중에 선남자나 선여인이 있어서 보살에게 공양하고 이 경을 독송하되, 다만 《지장보살본원경》에 의하여 단 한 가지 일만이라도 행하는 자가 있다면, 너는 마땅히 근본 신력으로써 그를 옹호하여서 온갖 재해와 뜻대로 되지 않는 일이 귀에 들리지도 못하게 할 것이니, 어찌 하물며 그로 하여금 받게 함이 있겠는가.

다만 너 혼자만이 이 사람을 옹호하는 것이 아니라, 또한 제석과 범천의 권속들이 다 이 사람을 옹호하거늘, 어찌하여 이러한 성현들의 옹호를 받는 것인가.

이는 다 지장보살의 형상에 예경하고, 이 《지장보살본원경》을 독송한 때문이며 자연히 끝내는 모든 고해를 벗어나 열반락을 얻게 되므로 큰 옹호를 받는 것이니라."

제12품. 견문이익품 (보고 들어 얻는 이익)

그때에 세존께옵서 정수리 위로부터 백천만 억의 큰 호상광을 놓으시니, 이른바

백호상광이며,   대백호상광이며,

서호상광이며,   대서호상광이며,

옥호상광이며,   대옥호상광이며,

자호상광이며,   대자호상광이며,

청호상광이며,   대청호상광이며,

벽호상광이며,   대벽호상광이며,

홍호상광이며,   대홍호상광이며,

녹호상광이며,   대녹호상광이며,

금호상광이며,   대금호상광이며,

경운호상광이며,   대경운호상광이며,

천륜호광이며,   대천륜호광이며,

보륜호광이며,   대보륜호광이며,

일륜호광이며,   대일륜호광이며,

월륜호광이며,   대월륜호광이며,

궁전호광이며,   대궁전호광이며,

해운호광이며,   대해운호광이니,

세존께서는 이러한 호상광을 놓으시고 나

서, 미묘한 음성으로 여러 대중과 천룡팔부

인비인 등에게 이르시되,

"여래가 금일 도리천궁에서 지장보살이 저

인간과 천상을 이익되게 하는 일과 불가사의한 일과 성스러운 인연의 길을 초월한 일과 십지를 얻은 일이며, 끝내는 아뇩다라삼먁삼보리에서 물러서지 않는 일을 높이높이 찬탄함이니라."

이 말씀을 하실 때, 회중에 한 보살마하살이 계시니 명호가 관세음보살이시라. 자리에서 일어나서 꿇어앉아 합장하고 부처님께 사뢰어 말씀하시되,

"세존이시여, 이 지장보살마하살이 대자비를 갖추시고 죄고 중생을 불쌍히 여기셔서 천만억 세계에 천만억의 몸을 나타내시고 있는 바, 그 공덕 및 불가사의한 위신력을 저는 이미 들었나이다.

세존께서는 시방의 한량없는 여러 부처님과 더불어 이구동성으로 지장보살을 찬탄하시며 이르시길, 바로 과거와 현재와 미래의 모

든 부처님께서 그 공덕을 말씀하셔도 오히
려 다 못한다 하시었고, 또한 지난 번에도
세존께서 대중에게 말씀하시기를,
지장보살이 갖춘 공덕 등에 대하여 높이높이
찬탄을 아끼지 않으셨음을 보이시었나이다.
세존이시여, 바라옵건대 현재와 미래의 일
체 중생을 위하시어 지장보살의 불가사의한
일을 말씀하셔서 천룡팔부들로 하여금 우러
러 예배하고 복을 얻도록 하시옵소서."
부처님께서 관세음보살에게 이르시길,
"그대는 사바세계에 큰 인연이 있어서 혹 하
늘이나, 혹 용이나, 남자거나, 여자거나, 신
이거나, 귀이거나, 또는 육도의 죄고 중생까
지도 너의 이름을 듣거나, 너의 형상을 보거
나, 너를 생각하고 따르는 자나, 또는 너를
찬탄하는 이러한 여러 중생들은 모두 위없
이 높은 도에서 반드시 물러서지 않고 항상

사
경
본

124

인간이나 천상에 태어나서 묘락을 갖추어 누리며, 인과가 장차 성숙함을 기다려서 부처님의 수기를 받게 하고 있는 바, 그대가 이제 대자비로 중생들과 천룡팔부들을 가엾이 여기고 내게서 지장보살의 불가사의한 이익에 대한 말을 듣고자 하니 그대는 마땅히 잘 들으라. 내가 이제 말하리라."

관세음보살이 말씀드리기를,

"그러하옵니다. 세존이시여, 듣고자 하옵나이다."

부처님께서 관세음보살에게 말씀하시기를,

"미래와 현재의 모든 세계 가운데에 천상 인간이 천상 복이 다하여 다섯 가지 쇠퇴하는 모양을 나타내거나, 혹은 악도에 떨어지게 되었을 때와 이와 같은 천인의 남녀가 그러한 형상을 나타내는 것을 보거든, 혹 지장보살의 형상을 뵈옵거나, 혹 지장보살의 명호

를 들고 한 번 우러러보고 한 번 절하면 이

여러 천상 인간은 천상 복이 더하여 큰 쾌락

을 받게 되어 길이 삼악도에 떨어지지 않게

되느니라.

그러하거늘, 어찌 하물며 지장보살 형상을

뵈옵거나 그 명호를 듣고 여러 가지 향이

나, 꽃이나, 의복이나, 음식이나, 보배나,

영락을 가져 보시하고 공양함이랴. 이 사람

이 얻는 바 공덕과 복리는 한량없고 가이없

느니라.

관세음보살이여,

만약 현재·미래의 모든 세계 중에 육도 중

생이 명을 마침에 이르렀을 때, 지장보살의

명호를 들려주어서 한 소리라도 귓가에 지

나가게 하여도 이 모든 중생이 길이 삼악도

의 고초를 겪지 않으리니, 어찌 하물며 목숨

을 마칠 때에 부모 권속들이 이 목숨을 마치

는 사람의 집과 재물과 보배와 의복 등을 가

져서 지장보살의 형상을 조성하거나 탱화를

그리거나, 혹은 병든 사람으로 하여금 아직

숨이 넘어가지 않았을 때, 지장보살의 형상

을 눈으로 보고 귀로 듣게 하거나 도를 아는

권속들이 집과 보배 등을 가져서 그 자신을

위하여 지장보살 형상을 조성하거나 탱화를

그리게 하여 이 사람에게 이를 알리어서 그

가 직접 눈으로 보고 귀로 듣게 하면, 그 사

람이 업보로 중병을 받는 것이 당연하다 하

여도 이 공덕을 받아서 병이 나아 수명이 더

길어지나니, 이 사람이 만약 이 업보로 명이

다하여 그 동안의 모든 죄업장으로 마땅히

악도에 떨어질지라도 이 공덕에 의하여서

죽은 뒤에 모든 죄업장이 다 소멸되고, 곧

인간이나 천상에 태어나게 되어 승묘한 낙

을 받으리라.

관세음보살이여,

만약 미래세에 어느 남자나 여인이 혹 젖 먹을 때나, 혹 세 살, 다섯 살 때와 열 살 이하에 부모를 잃거나, 또는 형제 자매와 이별하고 이 사람이 이미 장성하여서 그 부모와 권속을 생각하되 어떤 악도에 떨어졌을까, 또는 어느 세계에 태어났을까, 또는 어느 하늘에 태어났는가 몰라할 때,

만약 이 사람이 능히 지장보살의 형상을 조성하고 그리거나 내지 명호를 듣고 한 번 보고 한 번 절하기를 하루에서 7일이 되도록 처음에 낸 마음이 물러가지 않고 명호를 부르고 형상을 우러러보고 예배하며 공양한다면, 이 사람 권속들은 그들이 지은 업으로 악도에 떨어져서 마땅히 여러 겁을 지냈다할지라도, 이 자녀나 형제 자매가 지장보살에게 정성을 바친 공덕으로 해탈을 얻어서

인간이나 하늘에 태어나서 승묘한 낙을 얻을 것이니라.

그리고 만약 이미 복된 힘이 있어서 인간이나 하늘에 태어나서 승묘한 낙을 누리는 자라면, 이 공덕으로 더욱더 성스러운 인연이 더하고 한량없는 낙을 받을 것이니라.

다시 능히 3·7일 동안 일심으로 지장보살의 형상에 우러러 절하면서 그 명호를 염하여서 만 번을 채우면, 보살께서 무변신을 나타내어 이 사람에게 그 권속이 태어난 곳을 알리고, 혹은 꿈에 보살이 대신통력을 나타내어서 친히 이 사람으로 하여금 거느리고 모든 세계에서 여러 권속을 보여줄 것이니라.

그리고 또 매일 보살의 명호를 천 번씩 염하여 천 일에 이르게 되면, 이 사람은 마땅히 종신토록 보살이 그가 있는 곳의 토지신을 시켜 호위하며, 현세에 의식이 풍족하고 여러 질병이나 고통을 없이 하며, 또는 횡액되는 일이 그 문 안에 들어오지 못하거늘, 어찌 하물며 그 사람의 몸에 미치겠느냐, 이 사람은 끝내는 보살의 마정수기를 얻으리라.

관세음보살이여,

만약 미래세에 선남자 선여인이 있어 넓고 크나큰 자비심을 내어서 일체 중생을 제도하고자 하는 사람이나, 위없이 드높은 보리를 닦고자 하는 사람이나, 삼계를 벗어나고자 하는 이러한 여러 사람들이 지장보살의 형상을 보거나 그 명호를 듣고 지극한 마음으로 귀의하되, 혹은 향·꽃·의복·보배·음식 등으로 공양하고 우러러 예배한다면, 이 선남자나 선여인의 원하는 바가 속히 성취되어 영원히 장애가 없으리라.

관세음보살이여,

만약 미래세에 선남자나 선여인이 현재와

미래세에서 백천만억의 여러 가지 소원과

백천만억의 여러 가지 일들을 이루고자 하

거든, 다만 지장보살의 형상 앞에서 귀의하

고 우러러 예배하며 공양하고 찬탄하면, 이

와 같은 소원이나 구하는 바가 모두 다 이루

어질 것이며, 지장보살이 대자비심으로 길

이 나를 옹호하여 주기를 원한다면, 이 사람

은 꿈속에서 지장보살의 마정수기를 곧 받

을 것이니라.

관세음보살이여,

만약 미래세에 선남자와 선여인이 대승경전

에 깊고 귀하게 존중하는 마음을 내어 불가

사의한 마음을 내어서 읽고 외우고자 하여,

설사 밝은 스승을 만나서 이 가르침을 익숙

하게 받아도 금방 읽은 것을 금방 잊어서 해

와 달이 흘러도 능히 독송할 수 없는 것은

이 선남자 선여인들이 숙세의 업장이 아직
도 소멸되지 아니한 연고로 대승경전을 독
송하는 성품이 없는 것이니라.

이러한 사람은 지장보살의 명호를 들으며,
지장보살의 형상을 보고 지극한 마음으로
공경스럽게 그 사실을 사뢰며, 다시 향·
꽃·의복·음식 그밖에 여러 가지 와구 등
으로 보살께 공양올리고, 또한 깨끗한 물 한
그릇을 지장보살 존상 앞에 올려서 하루 낮,
하룻 밤을 지내고 난 뒤에 합장하고, 마실
것을 청하고 나서 머리를 돌려서 남쪽으로
향하고, 입을 댈 때 지극히 정성스런 마음으
로 마셔야 하느니라.

마시고 나서는 오신채와 술과 사음과 망어
와 모든 살생을 7일 혹은 3·7일을 삼가면,
이 선남자 선여인이 꿈 가운데 지장보살이
가이없는 몸을 나타내시어 이 사람이 있는

곳에 이르러서 이마에 물을 부어주리니, 이

꿈을 깨면 곧 총명을 얻어서 경전을 읽어 한

번 귓가에 지나가기만 하여도 곧 기억하며,

한 글귀 한 게송만이라도 길이 잊어버리지

않느니라.

관세음보살이여,

만약 미래세에 모든 사람의 의식이 부족하여

서 혹 의식을 구하더라도 뜻대로 되지 않거

나, 혹은 질병이 많거나, 혹은 흉하고 쇠함

이 많아서 집안이 불안하며 권속이 흩어지

며, 혹 모든 횡사가 많아서 몸을 괴롭게 하

고, 잠자는 꿈 사이에 많은 놀람이 있거든,

이와 같은 사람은 지장보살의 이름을 듣고,

지장보살의 형상을 보고, 지극한 마음으로

공경하여서 염하기를 만 번을 채우게 되면,

이 모든 여의치 않은 일들이 점점 사라지고

안락함을 얻어서 의식도 풍족해지고 따라서

잠자는 꿈속에서 안락함을 얻느니라.

관세음보살이여,

만약 미래세에 선남자 선여인이 있어서 혹은 생계로 인하거나, 혹은 공적으로나, 사적으로나, 혹 나고 죽음으로 인하거나, 혹 급한 일로 인하여서 산 숲속에 들어가거나, 물과 바다와 같은 큰 물을 건너며 험한 길을 지날 때, 이 사람이 먼저 마땅히 지장보살의 명호를 만 번 염하면, 그가 지나는 곳의 토지 귀신이 위호하여 가나 머물거나 앉거나 누울 때에 영원히 안락하게 되고, 또한 호랑이 · 늑대 · 사자와 그밖의 모든 독해를 만나더라도 그가 능히 해를 입지 않느니라.

관세음보살이여,

이 지장보살은 염부제에 큰 인연이 있어 만약 모든 중생에게 이 보살에 대한 보고 들은 이익 등의 일을 말하자면, 백천겁 동안을 말하여도 다 할 수 없느니라.

관세음보살이여,

그대는 신력으로써 이 경을 유포하여서 사

바세계의 중생으로 하여금 백천겁토록 길이

안락을 받도록 하라."

이때에 세존께옵서 게송으로 설하여 말씀하

시되,

"내가 이제 지장보살 위신력을 보니

항하사 겁 설하여도 다 말할 수 없네.

보고 듣고 우러러 예배하기 일념 중에

인간·천상에서 그 이익 한량없어라.

남자거나 여자거나 용신이거나

복이 다해 악도에 떨어질지라도,

지심으로 지장보살께 귀의하면

수명 늘고 모든 죄상 소멸되리라.

어떤 사람 어려서 부모 잃거나

형제 자매 여러 권속 흩어져도

자란 뒤에 그네들 혼신이

어디서 헤매는지 몰라도

지장보살 형상을 조성하고 그려서

한시도 쉬지 않고 우러러 절하면서

3·7일 동안 그 명호를 염하면

지장보살 끝없는 그 몸 나타내시네.

그의 권속 있는 곳을 낱낱이 보이시며

악도 중에 있더라도 모두 다 구해내네.

만약 능히 첫 마음 물러서지 않으면

마땅히 마정수기를 받게 되리라.

위없는 보리를 닦으려 하고

삼계의 모든 괴로움 떨치려 하여

마땅히 대비심을 내어서

지장보살 거룩한 형상에 예배한다면

모든 소원 속히 성취되고

가로막는 모든 업장 사라지리라.

모든 중생 피안으로 인도하려는

불가사의한 거룩한 원 세웠건만

읽고 읽고 또 읽어도

지난 동안 지은 업장 방해되어

읽어도 기억하기 어려워라.

높고 높은 대승경전 기억할 수 없어도

향과 꽃, 옷과 음식

모든 장엄구를 보살께 공양하며,

깨끗한 물 한 그릇 보살님께 올려서

하루 낮 하룻밤이 지난 뒤에 마실 때

오신채와 술과 고기 먹지 않고

사음과 망어와 살생을 하지 말며,

3·7일간 보살 명호 지성으로 염하면

꿈속에 만나 보고 깨어서는 총명 얻으리.

이 경전 읽는 소리 귓가에만 지나가도

천만생을 두고두고 잊음이 없으니

이 모든 것 지장보살 불가사의한 힘

지혜와 총명을 내려줌이라.

가난하고 병 많은 중생

집안이 몰락하고 모든 권속 흩어져서

잠을 자면 꿈자리 불안하고

구하는 것 갖게 안 되어도

지심으로 지장보살 우러러 절하면

모든 나쁜 일 다 없어지고

꿈속에서도 모든 안락을 얻게 되며

의식 풍요롭고 착한 신들 옹호하네.

어쩌다가 험한 산과 바다 지날 때에

악독한 금수와 나쁜 사람들

악신들과 악귀들과 그밖의 사나운 바람

온갖 고통 고난이 있다 해도

거룩한 지장보살 형상 앞에

일심으로 예배하고 지성으로 공양하면

어떤 산이나 바다에서도

모든 재난 영원히 사라지리라.

관세음보살이여, 지심으로 들으라.

지장보살의 위신력 끝이 없는 불가사의

백천만겁에도 다 말할 수 없나니

그대는 지장보살 이같은 공덕 널리 알리어라.

누구든지 지장보살의 명호 혹 듣거나

거룩한 형상을 우러러 절하며

향과 꽃, 옷과 음식 공양 올리면

백천생에 승묘한 복락을 누리리라.

이 공덕을 법계에 회향하면,

끝내는 부처 이뤄 생사를 건너가리.

관세음보살이여, 이를 마땅히 알라.

항하사 모든 국토에 널리 펼지니라."

제13품. 촉루인천품 (사람과 하늘을 부촉하다)

그때에 세존께서 금빛 팔을 드시어 지장보

살마하살의 이마를 어루만지시며 말씀하시

기를,

"지장보살이여, 그대의 신력이 불가사의하

도다. 그대의 자비가 불가사의하도다. 그대의 지혜가 불가사의하도다. 그대의 변재가 불가사의하도다. 바로 시방의 모든 부처가 그대의 불가사의한 공덕을 찬탄하기를 천만 겁 동안 하여도 다 말할 수 없으리라.

지장보살이여,

내가 오늘 이 도리천궁 가운데 백천만억의 이루 말할 수 없는 모든 불·보살 및 천룡팔부의 큰 모임 가운데에서 다시 부촉하노니, 그대는 모든 중생들이 삼계를 나오지 못하고, 불타는 집 가운데에 있는 자를 하루 낮 하룻밤이라도 악도에 떨어지지 않게 할지니, 하물며 다시 오무간지옥이나 아비지옥에 떨어져 문득 천만억겁을 지나도 나올 기약이 없게 할까 보냐.

지장보살이여,

이 남염부제 중생들은 뜻과 성품이 정한 바

가 없어서 악한 짓을 익히는 자가 많아서 비

록 착한 마음을 내어도 곧 사라지며, 만약

악한 인연을 만나면 생각 생각에 악이 더 늘

어나니, 이런 까닭에 내가 이 몸으로 백천억

으로 나투어서 교화하고 제도하되, 그들의

근기와 성품에 따라서 해탈시키는 것이니라.

지장보살이여,

내가 이제 간절히 인간과 천상의 무리들을

너에게 부촉하노니, 만약 미래세에 하늘과

인간에 선남자나 선여인이 있어서 불법 가

운데에 조그마한 선근이라도 심되, 그것이

한 털끝·한 티끌·한 모래알·한 물방울만

하더라도 너는 마땅히 도력으로써 이 사람

을 옹호하여서 점점 드높이 위없는 도를 닦

도록 하여 물러섬이 없도록 하라.

지장보살이여,

만약 미래세에 하늘이나 인간의 업을 따라

보를 받아 악도에 떨어지는 자가 있거든, 너는 그가 떨어진 곳에 나아가고, 혹은 지옥문에 이르러서 이 모든 중생들이 만약 한 부처님 한 보살의 명호나 대승경전의 한 구절 한 게송만이라도 외운다면, 너는 이 모든 중생들을 신력과 방편으로써 구출하여 고통에서 벗어나게 하되, 그 사람이 있는 곳에 무변신을 나타내어서 지옥을 부수고 하늘에 태어나도록 하여 승묘한 낙을 받도록 하라."

세존께서 다시 게송으로 말씀하시길,

"현재와 미래의 모든 중생

내 이제 그대에게 부촉하노니,

그대는 큰 신통과 큰 방편으로

중생을 제도하여

악도에 들지 않도록 하라."

이때 지장보살마하살이 무릎을 꿇고 합장하고 부처님께 사뢰어 말씀드리기를,

"세존이시여, 원컨대 세존께서는 염려하지 마시옵소서.

만약 미래세에 선남자와 선여인이 불법 중에서 한 생각의 공경심만 내어도 제가 이제 백천 방편으로 이 사람을 제도하여 생사 중에서 속히 해탈을 얻게 하오리니, 하물며 어찌 여러 가지 착한 일을 듣고 생각 생각에 수행함이오리까. 이 사람은 자연히 위없는 큰 도에서 길이 퇴전하지 않을 것이옵니다."

이 말씀을 하실 때, 모임에 참석하였던 허공장보살이 부처님께 사뢰어 말씀하시되,

"세존이시여, 제가 이제 이 도리천에 이르러 부처님께서 지장보살의 위신력이 불가사의함을 찬탄하심을 잘 들었나이다. 만약 미래세에 선남자나 선여인과 내지는 모든 하늘과 용들이 있어 이 경전과 지장보살의 명호를 듣거나, 혹은 지장보살의 형상을 우러

러 예배한다면 몇 가지의 복리를 얻게 되나이까.

세존이시여, 현재와 미래의 일체 중생들을 위하여 간략히 이에 대한 말씀을 하여 주시옵소서."

부처님께서 허공장보살에게 말씀하시기를, "자세히 듣고 자세히 듣거라. 내가 마땅히 그대를 위하여 분별하여 말하리라.

만약 미래세에 어느 선남자 선여인이 지장보살의 형상을 보거나, 이 경을 듣거나, 내지 독송하며 향·꽃·음식·의복·보배 등으로 보시 공양하고 찬탄하여 우러러 예배하면 마땅히 28종의 공덕을 얻으리라.

1. 천상과 용이 항상 지켜주며,

2. 선한 과가 날로 더함이며,

3. 성인의 높은 인을 더함이며,

4. 보리도에서 물러나지 않음이며,

5. 의식이 풍족함이며,

6. 질병이 이르지 못함이며,

7. 물·불의 재앙을 여읠 것이며,

8. 도적의 액난이 없음이며,

9. 남들이 보고 존경함이며,

10. 신과 귀가 도와줌이며,

11. 여자는 남자 몸으로 바뀜이며,

12. 여자라면 임금이나 대신의 딸이 됨이며,

13. 상호가 아름다움이며,

14. 천상에 많이 태어남이며,

15. 혹 제왕으로 태어남이며,

16. 숙명의 지혜를 얻음이며,

17. 구하는 바가 뜻대로 이루어짐이며,

18. 권속이 기뻐하고 즐거워함이며,

19. 모든 횡액이 소멸함이며,

20. 업도가 영원히 소멸함이며,

21. 가는 곳마다 통달함이며,

22. 밤에는 꿈이 편안함이며,

23. 먼저 돌아가신 부모 권속 등이 고를 여읨이며,

24. 숙세의 복을 받아 태어남이며,

25. 모든 성현의 찬탄함이며,

26. 총명하여 근기가 수승함이며,

27. 자비심이 넉넉함이며,

28. 끝내는 부처를 이룸이니라.

허공장보살이여,

만약 현재와 미래에 하늘·용·귀신도 지장보살의 명호를 듣거나 지장보살의 형상에 예배하거나, 혹은 지장보살의 본원에 대한 일을 듣고 수행하고 찬탄하며 우러러 예배하면, 일곱 가지의 이익을 얻으리라.

1. 빨리 성현의 지위에 오름이요,

2. 악업이 소멸됨이요,

3. 모든 부처님이 지켜주심이요,

4. 보리도에서 물러서지 않음이요,

5. 본원력이 더욱 증장됨이요,

6. 숙명을 통함이요,

7. 끝내는 부처를 이룸이니라."

그때에 시방 여러 곳에서 오신, 말로는 이루 말할 수 없는 모든 부처님과 대보살과 천룡 팔부들이 석가모니 부처님께서 지장보살의 불가사의한 큰 위신력을 높이높이 찬탄하시는 것을 듣고 모두가 일찍이 없었던 일임을 찬탄하셨다.

이때 도리천에 한량없는 향과 꽃과 하늘 옷과 보배 구슬비를 내리어 석가모니 부처님과 지장보살께 공양하기를 마치고 나서, 이 모임의 모든 중생들이 다 함께 다시 우러러 예경하고 합장하며 물러갔다.

《지장경》끝

츰부다라니

츰부 츰부 츰츰부 아가셔츰부 바결랍츰부
암발랍츰부 비리츰부 발결랍츰부 아루가츰
부 담뭐츰부 살더뭐츰부 살더닐하뭐츰부
비바루가 찰뭐츰부 우뭐셥뭐츰부 내여나츰
부 뷜랄여삼므디랄나츰부 찰나츰부 비실바
리여츰부 셔살더랄바츰부 비어자수재 맘히
리 담미 셥미 잡결랍시 잡결랍뭐스리 치리
시리 결랄뭐뷜러 발랄디 히리 벌랄비 뭘랄
저러니달니 헐랄달니 뭐러져져져져 히리 미
리 이결타 탑기 탑규루 탈리 탈리 미리 뭐
대 더대 구리 미리 앙규즈더비 얼리 기리
뭐러기리 규차셥므리 징기 둔기 둔규리 후
루 후루 후루 규루 슐두미리 미리디 미리대
뷘자더 허러 히리 후루 후루루

육바라밀

임에게는 아까운 것이 없어
무엇이나 바치고 싶은 이 마음
거기서 나는 보시를 배웠노라.

임에게 보이고자
애써 깨끗이 단장하는 이 마음
거기서 나는 지계를 배웠노라.

임이 주시는 것이면
때림이나 꾸지람이나 기쁘게 받는 이 마음
거기서 나는 인욕을 배웠노라.

자나 깨나 쉴새 없이

임을 그리워하고 임 곁으로만 도는 이 마음

거기서 나는 정진을 배웠노라.

천하에 하고 많은 사람중에

오직 임만을 사모하는 이 마음

거기서 나는 선정을 배웠노라.

내가 임의 품에 안길 때에

기쁨도 슬픔도 임과 나의 존재도 잊을 때에

거기서 나는 지혜를 배웠노라.

사 경 본
우리말 지장경

2019(불기 2563)년 4월 3일 초판 1쇄 발행
2023(불기 2567)년 4월 11일 초판 4쇄 발행

편 집 · 편 집 실
발행인 · 김 동 금
만든곳 · 우리출판사

서울특별시 서대문구 경기대로9길 62
☎ (02)313-5047, 313-5056
Fax. (02)393-9696
wooribooks@hanmail.net
www.wooribooks.com
등록 : 제9-139호

ISBN 978-89-7561-326-5 13220

정가 6,000원